*de Lionnière*

# LE SORT
## DE LA LANGUE
## FRANCOISE.

A PARIS,
Chez la V. de Claude Barbin,
au Palais, sur le second Perron
de la Sainte Chapelle.

M. DCC. III.
*Avec Privilege du Roy.*

x-1919.-

A MONSIEUR,
MONSIEUR
L'ABBE' BIGNON,
CONSEILLER D'ETAT, &c.

ONSIEUR,

*Il y a long-tems que j'honore dans mon cœur les belles qualitez qui vous*

ã ij

# EPITRE.

distinguent, & que ce cœur enchanté des beautez, que le merite & la vertu font briller dans vôtre illustre Personne, soupiroit aprés l'occasion de rendre public son respect. Heureusement pour moi, cette foible production toute indigne qu'elle est de vous être presentée, a flatté le penchant & le desir de ce cœur ; mais que ma joye qui sembloit d'abord devoir être si pure, est devenuë bien mélangée, &

# EPITRE

que mes desirs sont bien foiblement satisfaits: Car, MONSIEUR, si j'ai l'avantage d'embellir ce petit Ouvrage de vôtre illustre Nom ; j'ai le déplaisir le plus vif & le plus sensible dont je puisse être touché de n'avoir pas la liberté d'enrichir cette Lettre de tous les graves ornemens qui devroient naturellement y entrer. Quelle situation pour un Homme penetré de zele & de reconnois-

# EPITRE.

sance d'être auprés d'un sujet si riche, & de n'oser y toucher ; cependant à force de réfléchir sur la dureté de mon Sort, je reconnois, MONSIEUR, que vous ménagez ma foiblesse, & que vôtre modestie toute austere qu'elle est, a pour moi moins de severité, que de douceur & d'équité ; car il ne m'appartenoit pas de toucher aux Portraits des Grands Hommes, dont vous descendez, ni de

# EPITRE.

faire la peinture de tout ce qui brille en Vous. Mais, MONSIEUR, s'il ne m'est pas permis de rien dire de tous vos glorieux Caracteres ; ne pourrai-je pas au moins sans vous déplaire, reconnoître en vous un des plus beaux ornemens de nos deux celebres Academies ? Et ne pourrai-je point y remarquer un zelé Protecteur de la Langue Françoise ? Cette Langue, MONSIEUR, que vous aimez,

# EPITRE.

*que vous cultivez, que vous parlez si poliment, n'inspire pas seulement aux Hommes de la reconnoissance; Elle en est elle-même penetrée à vôtre égard, & ce n'est que pour vous en donner des marques qu'elle met à l'abry de vôtre illustre Nom l'Histoire de ses Revers & de ses Vicissitudes. Pour moi,* MONSIEUR, *j'ose esperer qu'en reconnoissance du sacrifice que je vous fais de mon silen-*

# EPITRE.

ce, vous voudrez bien me permettre que je fasse ici une protestation publique que je vous honorerai toute ma vie, & que je suis avec un tres-grand respect,

## MONSIEUR,

Vôtre tres-humble & tres-obeïssant serviteur,
DE LIONNIERE.

## APPROBATION.

J'Ay lû, par Ordre de Monseigneur le Chancelier, ce Manuscrit, intitulé *Le Sort de la Langue Françoise*, dans lequel je n'ay rien trouvé qui en doive empescher l'Impression. FAIT à Paris ce dixiéme jour de Decembre 1702. Signé, FONTENELLE.

# PREFACE.

J'Avois besoin d'être excité, & il ne falloit pas moins que les ordres d'un puissant Souverain pour m'appliquer au sujet de ce petit Ouvrage. Ce grand Prince qui a bien voulu m'honorer d'un caractére, qui supose des talens & du merite, n'a trouvé en moi, que ce qu'il pouvoit trouver dans le plus foible & le plus limité des hommes, *du zele & de l'application*; c'est donc principalement pour satisfaire sa noble curiosité que j'ai décrit les vicissitudes de nôtre *Langue*, je

PREFACE.

n'ofe me flater de les avoir toutes décrites, ces viciffitudes, ni d'avoir affez bien repréfenté la grandeur de fes difgraces ; pour la bien peindre, il ne faudroit pas moins d'habileté ni de politeffe qu'en ont ces illuftres Hommes qui l'ont fi heureufement cultivée, & qui ne ceffent point de l'embellir & de la perfectionner.

Mon unique but a été de faire voir *que le Sort des Langues & des Nations*, eft prefque toûjours le même : pour y atteindre à ce but, j'ai feulement parlé de nôtre Langue, & de nôtre Nation, fans toucher aux autres, dont le détail auroit pû faire plufieurs Volumes, on ne m'en a pas deman-

## PREFACE.

dé davantage? Heureux, si la lecture de cette foible production, pouvoit donner au moins quelque petit plaisir, au grand Prince qui m'en a fait naître le desir, & qui m'a donné lieu d'y travailler.

Il n'est que trop vrai que l'on vit d'habitude ; les vices qu'on contracte dans la jeunesse, se fortifient avec l'âge, ils passent en nature ; & ne quittent qu'à la mort, ils entrent même bien souvent au tombeau. La foiblesse que je condamne dans les autres, est toute entiere en moi, j'en fais ici un aveu sincere, non pas à dessein de flatter la vanité de mon cœur, mais uniquement pour blâmer la legereté de mon esprit, & le peu de

PREFACE.

précaution que j'ai toûjours euë pour quelques Ouvrages que j'ai donné au Public dans un âge trop verd, où le feu de la jeuneſſe emporte l'eſprit, & ne lui permet pas de faire aſſez de reflexion : car au lieu d'y bien penſer & d'y mettre tout le tems neceſſaire pour les rendre tolerables & capables d'eſtre lûs avec un peu moins de dégoût, j'ai toûjours anticipé, & n'ai pas attendu ce point de maturité, où les eſprits émûs, qui ne laiſſent pas aſſez de liberté, pour bien juger d'un Ouvrage, ſont raſſis & capables alors d'en reconnoître les deffauts. Tout convaincu que je ſuis de cette conduite ſi negligée, j'ai retombé dans mes premieres

# PREFACE.

fautes; & dans cette occasion, je n'ai pû obtenir de mon esprit, qu'un mois d'application : encore a-t'il fallu, pour le dédommager de ce petit travail, que je m'en sois dessaisi, pour ainsi dire, malgré moi, dans la crainte qu'il a euë, que si je le gardois quelquetems, il ne fût obligé, de s'appliquer encore à le corriger. Tel est le caprice de l'esprit, telle est la legereté de plusieurs Hommes, dont j'ai lieu de me regarder comme un fort mauvais modéle.

Si le Lecteur étoit charitable, on ne seroit pas reduit à découvrir ses foiblesses, on n'auroit pas besoin d'adoucir de certaines veritez, ni d'étaller à ses yeux tous les dé-

## PREFACE.

fauts de l'esprit, s'il avoit un peu d'équité, il passeroit legerement sur les lieux bourbeux, & s'arrêteroit où il peut marcher sans crainte de se couvrir de bouë, ni d'enfoncer dans la fange, il feroit quartier au mauvais, en reconnoissance du bon ; car il n'y a point de si mauvais Ouvrage où il n'y ait toûjours quelque chose d'utile ; mais ce n'est pas là son génie, s'il trouve des fleurs, il ne les flaire que pour les flétrir, & ne les manie que pour les faner : il cherche les ronces & les épines, il les ramasse avec soin, & sçait si bien les faire croître & les multiplier, qu'en peu de tems elles étoufent les roses, & les font mourir. Bien

PREFACE.
loin de boire des claires eaux qu'on lui presente, & de les garder precieusement, il y jette de la poussiere, & en fait de la boüe, où il se veautre & soüille ensuite les autres. Parlons un peu plus nettement, le sujet le demande, il peut être de quelque utilité

Un Livre commence-t'il à paroître, on demande ce que c'est; quel en est le titre: qui en est l'Auteur: si cet Auteur est assez heureux pour plaire aux coureurs d'Affiches, qui sont comme les Emissaires de la Republique des Lettres, le Livre sera bon, quelque mauvais qu'il puisse être; mais si ces paresseux contemplatifs sont prévenus contre lui, son

# PREFACE.

Ouvrage n'est propre qu'à l'Epicier, fût-il de tous les Livres le meilleur; fût-il un Chef d'œuvre le plus rare & le plus achevé: le peuple ignorant & credule, se laisse aisement persuader par ces Pies bavardes, il s'en tient à leur jugement, sa curiosité ne va pas plus loin, & bien-tôt le Public infecté du venin de ces Langues empoisonnées, a du dégoût de l'Ouvrage, sans l'avoir lû, & du mépris pour l'Auteur sans le connoître.

*Fama malum, quo non aliud velocius ullum incivile est, ac prorsus injustum, ex una Libri alicujus particula judicare, nisi prius toto Libro bene perspecto, & ritè cognito.*

## Preface.

*Peut-on sans se noircir porter la médisance,
Sur ce qu'on n'a point lû, sur ce qu'on ne sçait point,
Peut-on sur le rapport d'une crasse ignorance,
Méprifer un Auteur que l'on ne connoît point?*

Le Public est un grand nom, on doit avoir pour lui beaucoup de respect & de ménagement, c'est un corps dont les plus nobles parties font toûjours faines, il ne les faut pas confondre avec les membres pouris, ce seroit mêler la zizanie avec le froment, & la paille avec le grain : les honnêtes gens jugent toûjours fainement, parce qu'ils font équitables, ils ne médifent

# PREFACE.

jamais, parce que la charité les anime & les fait vivre; ils excusent ce qui est defectueux, & loüent ce qui est estimable, contens de leur bien, ils n'envient point celui des autres, ni n'affoiblissent jamais leurs applaudissemens.

Mais les parties cangrenées de ce grand *Tout*, tiennent une conduite bien opposée: l'envie les ronge, l'orgueil les devore, ces deux monstres qui tour à tour possedent leur cœur, & qui de leurs noires vapeurs obscurcissent l'esprit, leur font faire mille injustices; quelque chose qu'on puisse faire, on a toûjours tres-mal fait, rien ne leur plaît, ils n'approuvent ni ne loüent jamais rien. On n'a que faire

## PREFACE.

de leurs suffrages, on n'a pas besoin de leurs loüanges, elles feroient peu d'honneur, ce sont des aveugles qui ne voïent rien, ou qui n'entrevoient les objets qu'au travers des passions qui les dominent, & les maîtrisent ; ce sont des ignorans qui ne sont pas capables de bien juger, moins encore d'applaudir.

*A calumniatoribus & scientiarum ignaris, rideri penè laudari est ; talibus placuisse, vituperari : paucis, iisque doctis placere meriti signum, ac eruditionis.*

*L'estime est un appas bien doux bien engageant,*
*Pour aimer le travail, pour haïr l'indolence,*
*Mais l'estime d'un fat, d'un homme sans science,*

## PREFACE,
*Est un honneur bien vil, s'il n'est pas outrageant.*

On voudroit seulement qu'ils ne médisent point, & c'est ce qu'on ne peut obtenir, on ne l'a jamais pû, & l'on ne le pourra jamais: les médisans meurent, mais la médisance est immortelle, elle sera toûjours tant qu'il y aura des hommes sur la terre, je veux dire, de ces Sauvageons d'hommes, de ces rejettons avortez de la Nature, dont le cœur n'est que fiel & amertume, dont l'esprit n'est qu'une foible lueur, envelopée d'une noire fumée, d'une crasse fuligineuse, & dont le corps n'est qu'un amas de bouë & d'ordures, tant que ces serpens

## PREFACE.

ramperont sur la terre, il y aura toûjours des médisances, la societé civile sera infectée de leur poison, l'honneur des plus honnêtes gens sera flétri, la reputation sera affoiblie, si elle n'est pas entierement détruite, la pieté la plus sincere ne sera qu'hypocrisie, la vertu sera attaquée jusques sur l'Autel, & le merite le plus éclatant sera obscurci.

*Virtus premitur, non opprimitur : veré quidem ; sed quid non mentitur calumnia ? à cujus malitia nihil tutum.*

*D'où vient que la vertu si charmante & si belle,*
*Ne se peut faire aimer d'un cœur formé pour elle,*

# PREFACE.

*Ce cœur qui l'a rejetté, & qui devroit l'aimer,*
*Peut la persecuter, mais non pas l'opprimer.*

Je me trompe. L'horreur que j'ay de la médisance, m'a porté insensiblement à lui donner trop davantage ; les medisans se font plus de mal qu'ils n'en font aux autres, ils se tüent de leurs propres armes, & s'empoisonnent du venin qu'ils exhalent; ils deviennent infames & perdent l'honneur, qui est la vie civile, sans laquelle la vie naturelle est odieuse : s'ils connoissoient bien le tort, qu'ils se font, s'ils sçavoient à fonds, ce que c'est que médire, qu'elles en sont les suites funestes, & combien ce

## PREFACE.

peché en comprend d'autres tres-assurement, quelque grande que soit en eux le malignité de la Nature, ils feroient un meilleur usage de leurs Langues : il n'y a point d'honnête Homme qui n'ait horreur des medisans, & ne les ait en execration, il les évite comme des contagieux, & comme des chiens enragez qui mordent & déchirent indifferemment tout ce qu'ils rencontrent, les medisans eux-mêmes craignent les medisans, particulierement ceux qui excellent: telle est la la nature de l'iniquité, elle ne veut point de societé, elle est ennemie de l'union, les vices se détruisent, & ne se peuvent souf-

# PREFACE.

frir, mais les vertus toûjours douces, toûjours paisibles, se cherchent, s'unissent, s'aiment & se perfectionnent.

S'il n'y avoit que la canaille & les gens du commun qui médisent, on n'en seroit pas allarmé : mais ce vice se glisse malheureusement parmi de certaines personnes distinguées, qui ont du merite, & que même l'on pourroit dire parfaites, si en ce point elles n'étoient pas defectueuses. Elles font bien plus de mal que les autres ; car elles médisent plus finement : les armes dont elles se servent, sont toutes dorées, mais elles n'en sont que plus pesantes, & n'en font que plus de douleur, leurs fleches sont plus legeres

## PREFACE.

& plus aiguës, mais elles atteignent de plus loin, & font de plus profondes playes ; car c'est ici que l'iniquité se develope, & qu'elle paroît sous toutes ses formes ; rafinemens, artifices, déguisemens, loüanges affectées, fausses confidences, rien n'est omis, tout est en mouvement, tout est mis en usage, pour noircir cette vertu qui éclate, pour affoiblir cette réputation qui croît & qui s'étend, & pour s'obscurcir ce merite naissant, qui commence à paroître & à faire du bruit ; le vice prend le masque de la vertu, la plus noire envie se couvre des voiles de la charité : on dit du bien pour autoriser le mal qu'on veut faire;

PREFACE.

on plaint charitablement celui qu'on veut blâmer, & l'on careſſe celui qu'on veut déchirer. La haine la plus allumée, ſe produit ſous l'apparence de l'amitié la plus ſincere. Nous ſommes amis, dit-on, depuis long-tems, je lui en ay donné des marques, ſans moi il ne ſeroit pas aujourd'hui ce qu'il eſt ; car je puis bien vous dire ici en confidence que..... je ne vous diray point le reſte, car je ne veux pas diminuer l'eſtime que vous avez pour lui : je ſuis ſon ami ; je dois prendre ſon parti & ſoûtenir ſes intereêts.

Cette Dame qui vous entend dire du bien de cette Demoiſelle que vous eſtimez in-

## PREFACE.

finiment, vous fourit malicieufement, & par un certain tour de tête, & quelques mouvemens d'yeux, qui fignifient beaucoup, vous infpire, la curiofité de fçavoir d'elle, ce qu'elle en penfe. Ce que j'en penfe, vous dit-elle; je fuis fon amie, je n'ay garde d'en dire du mal, elle a beaucoup de merite, l'eftime que j'ay pour elle eft fi fincere, que ma joye feroit bien pure, fi elle avoit tout le bien que je lui fouhaite, il n'a pas tenu à moi qu'elle ne foit plus heureufe; elle feroit richement établie, fi elle m'avoit voulu croire; je n'ay jamais pû obtenir d'elle, qu'elle congediât un certain homme que vous connoiffez, je vous avouë qu'il lui faifoit

## PRÉFACE.

du bien, dont elle avoit assez de besoin ; car elle n'a jamais été trop bien avec la Fortune; mais enfin, toutes ces largesses lui font maintenant passer de mauvaises heures, j'en suis vivement touchée, car je l'aime, toûjours ; & quoique la bienseance m'empêche de la voir, si cependant j'avois occasion de l'obliger, je le ferois avec plaisir.

Cet Homme de Lettres qui occupe un Poste éclatant, plutôt par brigue, que par merite, & qui pour avoir fait quelques mauvais Livres, qui ne sont ni de son caractere, ni de sa profession, est consulté comme un Oracle, n'approuve que ce qui symbolise avec sa maniere d'écrire, un stile

## PREFACE.

noble & élevé, est pour lui un *Phebus* perpetuel, un lieu d'Histoire éclairci, un nouveau sentiment établi sur de solides fondemens, sont des sentiers détournez, il veut qu'on suive le grand chemin, & ne permet pas qu'on répande nulle part aucune érudition, c'est se singulariser mal à propos Pour lui plaire, il faut l'imiter, être toûjours rampant, ne s'élever jamais, ou si l'on veut voler, ne faire que razer la terre, & méprifer froidement comme lui, le rapide vol des Aigles qui fendent l'air, & qui s'approchent du Soleil, pour en voir fixement les brillantes beautez.

Mais vous, me peut on di-

# PREFACE

re, qui declamez si fort contre la médisance; n'êtes vous taché de ce vice ? n'avez-vous pas remüé les cendres d'un grand nombre de Sçavans pour blâmer leur negligence à l'égard de la *Langue*? & n'avez-vous pas troublé les Manes de tous ces Hommes illustres, dont la reputation est si solidement établie, & dont nous respectons le nom & la memoire.

Ce n'est point du tout médire, quand on ne nomme personne, on n'est coupable que quand on singularise & qu'on entre dans le détail ; on sçait que le general n'est qu'un phantôme, qui n'existe point réellement, mais seulement par les idées que l'esprit s'en

## PREFACE.

forme, & que le *Tout* n'existe point comme tout, mais en tant qu'il est specifié & caracterisé par la singularité: Peut-on dire, par exemple, que la Nature humaine separée de ses sujets, soit quelque chose de réel & de positif? & peut-on la concevoir vrayement existante, hors de Pierre, de Paul & des autres Hommes? Si j'ay parlé des Sçavans & des Hommes de Lettres des siécles passez, ç'a été d'une maniere si generale, que personne n'y est nommé, personne n'y est caracterisé: cette maniere d'écrire a toûjours été en usage, parce que sans être odieuse, elle est d'autant plus utile, que chaque particulier peut se corriger

PREFACE.

sur le general, & y remarquer ses défauts & ses imperfections, sans être obligé de rougir; car il se trouve dans le Tableau, sans être vû de personne que de lui-même, il s'y void, sans qu'on l'y apperçoive, puisque la peinture ne l'y represente pas sous sa figure particuliere, mais seulement comme participant au *Tout*.

Mais voici une objection specieuse en faveur de la médisance, qui paroît d'autant plus forte, qu'elle est appuyée de l'usage. N'est-il pas permis, me dira quelqu'un, de blâmer les défauts de l'esprit, & d'attaquer les mauvais Livres jusques dans la Boutique du Libraire, jusques dans

le

## Préface.

le Cabinet de leurs Auteurs, cela s'est toujours fait, cela se fera toûjours : Pourquoi donc blâmer cette conduite ?

Je ne suis ni assez vain, ni assez temeraire, pour oser trouver à redire à ce qui est justement en usage, je respecte les Loix, & m'y soumets avec plaisir : qu'on attaque l'esprit, j'y consens volontiers ; mais qu'on laisse le cœur, qu'on ne touche point à ses sentimens, & qu'on n'entreprenne pas de developer ses plis & ses replis, pour en publier le desordre & le dereglement. Il n'appartient qu'à Dieu seul de le sonder & d'en penetrer les abîmes : les Anges, ces esprits si purs

# PREFACE.

& si éclairez, n'y connoissent rien, ils n'en sçavent les secrets, & n'en découvrent les mysteres que par revelation : Ils respectent ce cœur comme un lieu, que Dieu s'est reservé, dont il est jaloux, qu'il ne veut partager avec personne, & qui pour cela se l'est particulierement consacré, pour être son Temple vivant, le Trône du Saint Esprit & le Tabernacle du Verbe incarné ; aussi les honnêtes gens respectent cette partie, comme la plus noble de leur prochain, & la regardent comme l'abregé de tout l'homme ; les vicieux tout audacieux, & tout accoûtumez qu'ils sont à ne rien épargner, doivent pourtant se mé-

## PREFACE.

nager en cet endroit, & temperer l'ardeur de leur malice; ils doivent s'éloigner, si ce n'est par respect, du moins par crainte : ils doivent, dis-je, s'éloigner de ce lieu, où tout le Ciel habite, & où la Divinité même se plaît à faire sa demeure.

*Procul, hinc procul, abeste prophani fugite hinc, locus iste sanctus est.*

*Fuyez, fuyez, serpens, éloignez-vous d'icy.*
*Vous, dont le noir poison distile de la Langue,*
*Pour vous en éloigner, vous faut-il une Harangue.*
*Et ne sçavez-vous pas que Dieu reside icy ?*

PREFACE.

Qu'on blâme tous les défauts de l'esprit, sa legereté sa precipitation, sa pesanteur, sa grossiereté, sa stupidité, &c. mais qu'on respecte les mœurs, qu'on n'en disse rien, si elles sont mauvaises, qu'on les louë, si elles sont bonnes, afin d'édifier & d'engager à les imiter; car il n'est pas permis aux particuliers de quelque rang & de quelque condition qu'ils puissent être, de juger des actions d'autrui, & de censurer sa conduite. C'est usurper le droit de Dieu, qu'il n'a confié qu'à ses Ministres qui seuls peuvent reprendre, juger & condamner, qu'on s'acharne contre les mauvais livres, qu'on en couvre les Affiches de bouë pour en ca-

## PREFACE.

cher le nom & l'ensevelir dans les tenebres de l'oubli, qu'on les condamne à être éternellement en prison, dans la Boutique du Libraire, c'est une espece de justice; mais au moins qu'on ait quelque égard pour l'Auteur, qu'on se contente d'invectiver contre son Ouvrage, & qu'on n'entame pas sa conduite; car il n'est jamais permis, sous quelque pretexte que ce puisse être, de scandaliser le prochain, ni d'affoiblir son estime.

Or l'esprit & le cœur sont bien proches voisins, leurs fonctions sont souvent mêlées, il est bien difficile de toucher à l'un, sans entamer l'autre: c'est ce qui est cause, qu'en

## PREFACE.

vent de grandes beautez, ils y voyent l'Art adroitement ménagé, & y reconnoissent toute la finesse d'un goût exquis. Ces negligences ne sont pas sans dessein, elles sont étudiées, ce sont des rafinemens de delicatesse, mais dont l'artifice est si bien caché, qu'ils paroissent naturels ; il y en a d'autres qui sont richement parez, qui brillent, & jettent beaucoup de lumiere, mais les yeux foibles qui ne peuvent souffrir le grand jour, prennent cet éclat pour un faux brillant ; & cette lumiere si belle & si douce, n'est à ces critiques bas & rampans, qu'une forte lueur, dont le mouvement inégal leur blesse la vûë ; c'est pourtant une

# PREFACE.

clarté, ils font contraints de l'avoüer, mais ils la trouvent trop violente, & ne leur paroît pas aſſez naturelle, ils prononcent & decident : *cette expreſſion n'eſt qu'une hyperbole outrée, il la faut rejetter.*

Si le Chef-d'œuvre le plus achevé des Anciens paroiſſoit venir aujourd'hui d'un homme de nôtre tems, on s'empreſſeroit de le critiquer, toutes ſes perfections ſeroient autant de défauts, toutes ſes beautez ſeroient bientôt ternies, & diſparoîtroient comme ces tendres fleurs qu'on void éclore au matin, ſe flétrir à midi, ſe faner & ſeicher ſur le ſoir : ce que la ſage Antiquité a trouvé ſi parfait, ſeroit au jugement de nos cri-

PREFACE.
tiques bien defectueux, & par un évenement bizare & capricieux, s'il en fut jamais, ils blâmeroient eux-mêmes ce qu'ils ont tant de fois admiré.

D'où vient cette inégalité & cette diversité de sentimens si opposez dans un même homme, & touchant le même sujet ? c'est que le cœur fait tort à l'esprit, la passion obscurcit la lumiere, & affoiblit le jugement, ou si le cœur laisse à l'esprit toute sa force, il lui ôte la liberté, il ne lui permet pas de juger selon l'évidence des objets, mais il le force d'en decider selon son penchant, qui varie toûjours au gré des passions; c'est ce qui fait que ce cœur

## Preface.

aprés avoir goûté un Ouvrage, & s'être même declaré en sa faveur, commence à le haïr, dés lors que l'Auteur est connu, ou que d'agreable qu'il étoit, il vient à lui déplaire.

La prévention est dans la Litterature, ce que l'amour propre est dans la Morale; celle ci est la source de tous les dereglemens du cœur, & celle là est l'origine de tous les égaremens de l'esprit; les Sçavans & les Gens de Lettres la doivent bien craindre, puisque son pouvoir est si grand, qu'elle oppose l'homme à lui-même, & le fait tomber en des contradictions, qui de toutes les chutes, sont les plus honteuses à un homme d'esprit.

# PREFACE.

Mais apres tout, de quelle utilité peut être une Critique particuliere ? Qu'importe qu'un Ouvrage ne soit pas selon les regles ordinaires, il suffit qu'on le trouve beau, qu'il plaise, qu'il interesse, qu'il occupe agreablement, & se fasse lire avec plaisir? N'est ce pas là le but de l'Art? Un Livre n'a-t'il pas toute la perfection qu'on lui peut souhaitter, quand il est marqué de tous ces caracteres ? Mais certains petits Maîtres esclaves de l'Art, qui comme des Ecoliers, ne s'éloignent jamais des regles, & suivent scrupuleusement les preceptes, trouvent que quelque belle que soit la peinture de cet Ouvrage, elle ne doit pas

## Preface.

être regardée comme un Chef-d'œuvre ; car les couleurs leur paroissent trop vives en quelques endroits & trop peu animées en d'autres, les traits sont hardis, mais ils sont outrez ; & quoi que le mélange de ces differentes couleurs, & la varieté de tous ces traits fassent une belle harmonie, ils ne veulent pas que ce soit une beauté parfaite, mais seulement d'agreables deffauts.

Etrange prevention ! ce qui est beau, ce qui plaît ; n'est-il pas selon les regles de l'Art ? Car qu'est-ce que l'Art, sinon de certaines regles, que les premiers Hommes du monde, qui avoient beaucoup de goût, de sens &

## PREFACE.

de justesse d'esprit ont faites pour imiter ce qu'ils trouvoient beau & parfait ? Or le jugement s'est perfectionné & se perfectionnera toûjours, c'est l'avantage des facultez actives qui pensent & reflechissent sur leurs actions ; la raison s'est éclaircie, le goût s'est rafiné & se rafine tous les jours : les Anciens sont estimables, ils avoient beaucoup de sagesse & de penetration : mais en fait de beauté, nous pouvons ne pas tout à fait convenir de sentiment avec eux, les goûts sont differens, ce qui plaît à l'un, bien souvent ne touche point l'autre : il est de certaines beautez regulieres, que l'on void sans émotion, il en est

## PRÈFACE.

d'autres, dont les graces plus inégales, moins concertées, picquent, intereſſent, & attachent fortement. Telles ſont les productions de l'eſprit, celles qui ſont les plus conformes à l'Art, ne plaiſent pas toûjours le plus, ni ne ſont pas auſſi toûjours les plus belles, car l'eſprit pour bien agir, doit être libre, lors qu'il eſt contraint, il ne fait rien que de commun & de mediocre.

Les eſprits communs & vulgaires, ont beſoin de l'Art pour les conduire, ils doivent ſuivre exactement ſes regles; mais un heureux génie peut ſe conduire par lui-même, il a aſſez de lumiere pour s'éclairer, ce n'eſt pas qu'il

# PREFACE.

doive negliger les regles, & méprifer les preceptes, au contraire il les doit obferver tout autant qu'il eft poffible; mais comme il arrive fouvent qu'il ne les peut fuivre fans perdre mille beautez, dont il peut enrichir fes productions, il peut alors quitter les regles, & fe fuivre à la clarté de fon flambeau qui l'éclaire, bien mieux que l'Art: car l'efprit a bien plus de lumiere, il eft le principe de l'Art, c'eft de lui qu'il tient fes regles, fes preceptes & toutes fes perfections.

S'il m'étoit permis de dire ici mon fentiment, je dirois qu'il ne faut jamais critiquer ni blâmer en particulier les Ouvrages & les défauts fpi-

PREFACE.
rituels de qui que ce soit, rien n'est plus seant à un homme d'honneur, rien ne convient mieux au caractere de Chrétien que cette conduite. N'est-ce pas assez de faire des Censures generales, sans les déterminer à ceux qui en ont fourni le sujet, chacun se les peut appliquer & s'en servir selon ses besoins. Qu'importe-t'il au Lecteur de sçavoir si l'Auteur d'un Ouvrage est vieux ou jeune, s'il est noble ou roturier, s'il est riche, ou s'il est pauvre, s'il est dans les Charges, ou s'il vit en homme privé ? Toutes ces circonstances ne font rien à l'Ouvrage, elles lui sont étrangeres; qu'il le prenne, s'il le trouve bon, s'il ne lui plaît

## PREFACE.

pas, qu'il le laisse Quand on void du fruit dans la Boutique d'un Marchand, on ne s'amuse pas à s'informer, si l'arbre qui l'a produit est gros ou menu, grand, ou petit, droit ou tortu, on l'entame seulement, & s'il est trouvé de bon goût, on l'achete, & on le mange avec plaisir. C'est ainsi que se conduisent les honnêtes gens à l'égard des Livres, & cela seul suffit, pour dédommager ceux qui écrivent, du chagrin qu'ils peuvent avoir de la canaille, & de la multitude nombreuse des demi-Sçavans, qui sont comme la lie de la Republique des Lettres.

Mais pourquoi se chagriner de ce qui est comme inévita-

## PREFACE.

ble? N'est-ce pas être ingenieux à se faire de la peine? les plus grands Hommes n'ont-ils pas eu le même Sort? Qui que vous soyez, quelque merite que vous ayez, ne vous flattez pas d'être universellement applaudi, vous vous trompez, si vous esperez d'être agreable à tout le monde: on ne plaît jamais aux esprits malfaits, la calomnie n'épargne personne, elle a sur vous des prétentions comme sur les autres hommes, les personnes les plus sacrées, les plus augustes & les plus éminentes, ne sont pas à couvert de ses traits: Dieu même, oserai-je le dire, est bien souvent attaqué par ce monstre infernal.

# PREFACE.

*Nec Jehovah, proh dolor! omnibus placet, sive pluat, sive serenet, nedum homo pusillus, & terrestris vermiculus, invidorum subdolas calumnias, & quis effugiet?*

De quel affreux excez, de quelle énormité
Une langue effrenée n'est-elle point capable,
Aprés avoir blâmé tout ce qui est loüable ?
Elle ose blasphèmer de la Divinité.
Cessez donc de vous plaindre, & taisez-vous, Auteur,
Vous n'êtes que poussiere, ou tout au plus qu'un ver,
Si l'on n'épargne pas même le Createur,
Le tort que l'on vous fait, vous doit-il allarmer ?

# Préface.

Un homme qui a l'esprit bien fait, qui se connoît, qui se possede, qui est maître de son cœur, est toûjours dans la même assiette, les bruits qu'on répand de lui ne le touchent point, ils n'enflent point son cœur, s'ils sont avantageux; ni ne le retrecissent point, s'ils sont odieux; il void du même œil les jours obscurs & lumineux : content de son Sort, il joüit à l'abri de sa vertu, des douceurs qu'il trouve à s'acquitter de son devoir, & méprise tout ce qu'on dit, & tout ce qu'on fait pour en troubler l'harmonie.

*Æquo animo audienda sunt imperitorum convitia, & ad honesta vadenti, contemnendus*

# PREFACE

*ipse contemptus.* Seneca Epist. 77.

*Ce n'est que dans les maux que la vertu s'épure,*
*Une ame genereuse, un cœur ferme & constant*
*Cultivant la vertu, méprise & fuit l'ordure*
*Du fat, du médisant & du peuple ignorant.*
*Plus ces indignes gens jettent de la poussiere*
*Pour dérober aux yeux la clarté du Soleil,*
*Plus le Sage les ouvre, & à l'Aigle pareil,*
*Il prend l'essor, fend l'air, & vole à la lumiere.*

Mais quoi, me dira quelqu'un de nos Auteurs; sera-t'il dit que la canaille clabau-

## Preface.

de, & que certains Ecrivains, Hommes sans goût, sans genie, sans érudition, médiront éternellement de moi, sans que j'en marque aucun ressentiment; & souffrirai-je toûjours sans me plaindre, les froides plaisanteries de ce Compilateur, de ce faiseur d'H. qui court de Sermon en Sermon, & qui comme les Pigeons qui vuident leurs gorges dans le bec de leurs petits, revient vîtement chez lui pour décharger sa memoire des lambeaux qu'il y a ramassez: Quoi, j'endurerai que cet homme qui est toûjours avec les Demoiselles, qui mange avec celle-ci, qui joüe avec celle-là, qui est charmé de l'esprit de l'une, & en-

PREFACE.
chanté de la beauté de l'autre, & je souffrirai qu'il me *turlupine* avec elles, fasse de moi le sujet ordinaire de ses railleries, & calomnie de mes Ouvrages ; lui qui bâtit sur le fond d'autrui ; lui qui fait un édifice de materiaux empruntez, & furtivement dérobez ; lui, dis-je, qui est incapable de rien produire de lui-même ; & je verrai tranquillement l'injustice de cette conduite, sans repliquer un seul mot ; c'est à quoi je ne puis me resoudre.

Si cependant vous voulez conserver vôtre dignité, & soûtenir noblement vôtre caractere, vous ne direz rien, vous ne repousserez pas l'injustice, par des raisonnemens convaincans,

## PREFACE.

convaincans, & des preuves authentiques, ni ne refuterez pas la calomnie par de longues justifications; car vous vous échaufferiez insensiblement, vous passeriez peut-être les bornes de la moderation, vôtre douceur se changeroit en aigreur, & vous seriez bien-tôt tel, que ceux dont vous vous plaignez: c'est une maxime parmi les Sages, qu'il ne faut jamais répondre aux médisans, ni disputer avec les envieux; car l'issuë en est toûjours dangereuse, & même honteuse aux honnêtes gens.

*Hoc scio pro certo quod si cum stercore certo, vinco, vel vincor, semper ego maculor.*

## PREFACE.

*Le Lyon si puissant, l'Aigle si valeureux,*
*Méprisent le Lievre & le Pigeon peureux,*
*Ils ne se fâchent pas contre ces foibles bêtes,*
*Il faut à leur couroux de plus nobles conquêtes,*
*Et le Sage peut-il se battre avec le fat,*
*Sans se deshonorer, sans ternir son éclat?*

Il est d'autres voyes plus nobles, plus équitables, plus chrétiennes de se vanger des médisans; la calomnie & la médisance doivent être regardées comme un tourbillon qui se dissipe en courant, & qui ne revient plus, ou comme un amas de poussiere qui s'éva-

PRÉFACE.
noüit en l'air, aprés l'avoir obscurci; il faut s'élever au-dessus des médisans & des envieux, & mépriser ceux qui méprisent, non pas par dédain, ni par fierté, mais par un profond silence, & ne pas même jetter sur eux le moindre de vos regards; c'est ainsi que les grandes ames se vangent de leurs ennemis; c'est ainsi que la vertu triomphe des efforts du vice, & c'est même de cette maniere que la Sagesse incarnée humilia l'orgüeil de ses Tyrans, ce Sauveur adorable ne répond rien à Herodes, il garde le silence, & ne daigne pas même le regarder; *Ne vous estimez pas heureux*, dit un Ancien, *si vous n'avez été moqué du Public, vous*

PREFACE.
*ne ferez heureux que quand vôtre vertu aura été éprouvée par les bruits populaires ;* jufques-là vous n'en connoiffez point la nature, & n'en pouvez pas bien juger, elle a befoin de cette épreuve, il lui faut cette mortification ; car cette difgrace peut l'épurer & la rendre conftante. *Mais fi vous voulez être folidement heureux,* continuë le même Philofophe, ne fuccombez pas aux efforts de l'iniquité ; foûtenez conftamment toutes fes attaques, & foyez perfuadé que l'unique moyen de fortir victorieux de ce combat, c'eft de méprifer generalement tous ceux qui vous méprifent, foit qu'ils foient jeunes, foit qu'ils foient vieux, foit qu'ils foient igno-

## PREFACE.

rans ou sçavans; soit enfin qu'ils soient endurcis dans le vice, & confirmez dans l'iniquité, ou que sous le manteau de la vertu ils cachent si bien leurs passions, qu'ils soient reputez gens de bien, ils ne le sont point; dés-là qu'ils médisent qu'ils envient & qu'ils méprisent.

*Nondum fœlix es, si non te turba deriserit, si beatus vis esse, cogita hoc primum, contemnere, ab aliis, iisque vel malis, vel imperitis contemni.* Seneca lib. de moribus.

*Heureux est l'Ecrivain, qui possede son ame,*
*Il est toûjours égal, soit qu'on loüe, soit qu'on blâme,*

e iij

# PREFACE.

*Il void tout du même œil, car il
　s'est sçû connètre;
S'il n'est pas méprisé, il ne craint
　point de l'ètre,
La vertu le soûtient, & sa beauté
　l'anime,
A mettre le devoir au-dessus de
　l'estime.*

On remarque dans la multitude nombreuse des médisans, certains hommes évaporez, qui se mocquent de ceux qui donnent à l'étude leurs heures de loisir; ce sont des gens qui joüissent d'un gros patrimoine, & qui à l'abry de la reputation de leurs Parens, s'imaginent être quelque chose, ils s'approprient la gloire de leurs Ayeuls, &

# PREFACE.

le merite de leurs Peres, qui pourtant n'est à leur égard qu'un bien casuel & étranger, puis qu'il n'est pas personnel, & qu'il ne leur appartient qu'en tant qu'ils en sont les depositaires: Ces bien aimez de la Fortune, qui n'ont point d'occupation, & qui n'en veulent point avoir, ne se repaissent que de chimeres & de bagatelles, ils se dissipent en visites; ils courent de maison en maison, où aprés avoir fatigué de leur babil, & dégoûté de leurs fades plaisanteries, les personnes qui ont eu assez de patience & de complaisance, pour les écouter, ils reviennent chez eux, les uns bien contens, d'avoir montré de l'esprit, (car c'est

## PREFACE.

ainſi qu'ils s'applaudiſſent en ſecret ) les autres toûjours inquiets & toûjours en peine de trouver les moyens de couler la vie ſans ennui ; ils liſent quelquefois, mais ce ne ſont pas les bons Livres, ils en ſçavent pourtant le titre, & en connoiſſent les Auteurs, & cela ſuffit pour qu'ils en parlent avec hauteur, & qu'ils en decident ſouverainement.

*Nihil tam facilè quam otioſum & dormientem, de aliorum labore & vigiliis, diſputare: vacui laboris, invident laboribus.* S. Hyeronimus in Oſeam.

*Diſputez, Pareſſeux, & decidez*
  *en Maître,*
*Des productions d'eſprit que la*
  *vertu fait naître;*

## PREFACE.

*Blâmez tous les travaux, blâmez les longues veilles,*
*Vous avez le loisir d'en dire des merveilles.*

Mais par bonheur les decisions de ces Juges legers dépourveus de sens & d'esprit, ne font nulle impression sur les honnêtes gens, elles s'évanoüissent dans les vuides de l'ignorance qui ne les peut soûtenir, & ne font qu'augmenter la fatuité & l'extravagance de leur conduite. Cependant ces sortes de gens font du bruit, ils se trouvent partout, à Cour & à la Ville, aux Promenades & aux Assemblées, icy on les souffre, parce qu'on s'en divertit; là, on les flatte, on les caresse, on

# PREFACE.

leur applaudit, parce qu'on en a besoin, & qu'on prévoit que dans la suite ils pourront être de quelque utilité ; mais au fond, on les regarde par tout pour ce qu'ils sont, & l'on convient unanimement qu'ils n'ont en partage que les faveurs de la Fortune.

*Sis licet ingenuus, clarisque parentibus ortus,*
  *Esse tamen vel sic, bestia magna potes;*
*Adde decus patris, claros tibi sume propinquos*
  *Esse tamen vel sic bestia magna potes :*
*Sint tibi divitiæ, sit longa, & munda supellex,*
  *Esse tamen vel sic, bestia magna potes :*

# PREFACE.

*Denique quidquid eris, nisi sit prudentia tecum.*
*Magna quidem dico, bestia semper eris.*

Tous ces beaux ornemens dont vous êtes glorieux,
Me laissent voir en vous un homme fort mediocre,
Car dans tous ces grands biens, tous ces nobles Ayeux,
J'ai peine à remarquer rien qui vous soit bien propre,
Je cherche la vertu, je cherche le merite,
Et je ne vois qu'un fat qui m'ennuie & m'irrite.

Au reste, ce n'est point pour cette espece d'hommes qu'on écrit, ce n'est point pour les médisans, ni pour les envieux

## PREFACE.

qu'on cultive les Sciences & les Arts; ce seroit enfoüir des diamans dans la bouë, donner des perles aux pourceaux, & faire aux asnes des lits de roses; il seroit à souhaitter d'être comme un ancien Philosophe qui étoit clair & lumineux, aux enfans des Sciences, (c'est ainsi qu'il appelloit les honnêtes gens qui desirent se perfectionner, & qui profitent du travail des autres) & qui s'envelopoit de tenebres pour n'être pas vû des Prophanes; & toûjours ce grand Homme faisoit si bien son personnage, qu'il n'avoit que des obscuritez à donner aux Hommes legers, aux Envieux, aux Médisans qui blâment ce qu'ils

## PREFACE.

ne sçavent pas, qui rejettent avec mépris ce qu'ils ne peuvent concevoir, & qui foulent aux pieds ce que les Arts ont de plus achevé, & ce que les Sciences ont de plus sublime.

μωμείσαι facile est cuivis, durumque μιμείσαι, quæque sequi nescit, carpere, quisque potest. Stolidis etiam optima displicent.

*L'Astre le plus benin & le plus favorable,*
*N'est aux-Esprits malfaits qu'une sinistre étoile,*
*Sur les défauts d'autruy, on est inexorable,*
*Mais on nourit les siens, on les flatte, on les voile,*
*L'Ouvrage le plus beau, n'a rien qui puisse plaire,*

PRÉFACE.
*Et toûjours l'on médit de ce qu'on ne peut faire.*

Mais on écrit pour les honnêtes gens, pour les personnes judicieuses, équitables, qui interpretent toûjours bien les sentimens d'un Auteur, & les motifs de ses entreprises.

On trouvera peut-être à redire au paralelle que j'ai fait de la Nation & de la Langue, on dira que je n'ai fait qu'entamer la matiere, & que ce n'étoit pas assez que le peu que j'en ai dit, suffist pour montrer la liaison & les dépendances reciproques de l'une & de l'autre, mais qu'il falloit s'étendre & entrer dans le détail, pour répondre aux

## PREFACE.

idées qu'on a de la Monarchie, dont les vicissitudes occupent d'avantage l'esprit, & le satisfont bien plus que celles de la Langue : j'avouë que ce détail, quelque malfait qu'il eût été, n'auroit pas déplû au Lecteur ; car on lit volontiers ce qui touche & interesse ; mais cette narration étoit inutile à mon dessein ; c'est pourquoy je n'ai parlé de la Nation & de la Monarchie, qu'autant que j'en ai eû besoin pour éclaircir mon sujet. Cependant si l'on veut sçavoir quel a été *le Sort de nôtre Monarchie*, l'on pourra satisfaire en quelque maniere sa curiosité, si l'on prend la peine de lire *mon Traité des Ambassades*, où aprés

## PREFACE.

avoir parlé *du Génie, des Mœurs & des Coûtumes, des Nations de l'Europe*, je fais un petit *Portrait du Gouvernement de la France, & de l'excellence de son Ministere*, qui s'est perfectionné de Regne en Regne, & qui a toûjours été le modele que les Souverains les plus sages, & les Nations les plus équitables ont tâché de copier : Mais comme cet Ouvrage a été imprimé en Allemagne par les ordres d'un puissant Souverain, les fautes & les negligences de l'Imprimeur n'y ont pas été exactement corrigées; cela fait qu'il paroîtra de nouveau un peu moins chargé de défauts.

Je ne puis finir cette Preface, sans prier les Sçavans

# Preface.

& les beaux Esprits, de ne me point vouloir de mal touchant la Lettre qui est au commencement de cet Ouvrage, s'ils n'y trouvent pas les beautez qu'ils y devroient naturellement voir pour leur satisfaction; j'ose leur dire que ce n'est pas tout à fait ma faute; il ne m'a pas été permis de m'expliquer librement, & d'enrichir cette Lettre de mille brillantes veritez qu'il m'a fallu supprimer, pour ménager une severe modestie, que les moindres expressions alarment, & à qui les plus foibles témoignages de reconnoissance font de la peine. Telle est la delicatesse des vertus austeres : Les grandes Ames donnent volontiers des loüan-

## PRÉFACE.

ges, & n'en veulent point recevoir : mais quelque soin qu'Elles prennent de se cacher & de se replier en elles-mêmes l'éclat de leur vertu, & la beauté de leur conduite, les découvrent & les manifestent: *Laus enim fugientem sequitur, & spernentem honores, Fama rapit, ostentat Gentibus, ac cælum usque tollit.*

# LE SORT
## DE LA LANGUE
# FRANCOISE.

RIEN ne fait mieux connoître une Nation que sa Langue, & rien aussi ne contribuë d'avantage à la beauté d'une Langue que le génie de sa Nation. ce sont deux choses qui sont tellement liées ensemble, & qui dépendent si reciproquement l'une de l'autre, qu'elles ont les mêmes commencemens, les mêmes progrez, & font sujettes aux mêmes viciſſitudes.

Il ne faut pas s'étonner que *la Langue Françoiſe* n'ait été dans ſes commencemens qu'un jargon groſſier, c'étoit l'expreſſion confuſe d'un mélange de pluſieurs peuples, qui par la neceſſité de ſe communiquer, & de s'unir enſemble, tâchoient de conformer leur langage, & ce mauvais mélange fut ce qu'on nomma dans la ſuite la *Langue Françoiſe*.

On ſçait qu'une nombreuſe Colonie des anciens Danois, étant ſortie de ſon païs ſous la conduite de *Pharamond*, fit la conquête de la Frife-Weft-phalie, & de quelques autres Provinces; & que *Clodion* étant entré dans les Gaules, foumit à fa puiffance prefque toute la Flandres, l'Artois & plus de la moitié de la Picardie, dont la Ville d'Amiens fut la capitale de fes conquêtes, & le lieu de fa refidence ordinaire, *Meroüée*, fucceffeur de *Clodion*, pouffant plus loin les limites de fa naiffante Monarchie, engagea les *Gaulois*, les uns par douceur, les autres par force à fe joindre à lui contre les Romains; & deflors ces deux Nations fe mêlerent fi bien enfemble, qu'elles n'en firent plus qu'une.

Cependant, cette Langue qui tenoit beaucoup du *Gau-*

lois, & fort peu de *l'Allemand* dégenera si fort dans la suite, qu'elle se trouva toute changée : Apparemment que les Colonies Romaines qui s'étoient établies en plusieurs Provinces des *Gaules*, & qui parloient *la Langue Latine*, furent cause de ce changement. Mais comme le peuple ne parle jamais bien, étant aussi negligé dans son langage que dans ses mœurs; cette *Langue Latine* si noble & si aisée dans ses expressions, perdit bien-tôt toutes ses graces, non-seulement dans la bouche des *Francs*, & *des Gaulois*, mais même parmi ces Colonies. Ce ne fut plus qu'un jargon accommodé à la fantaisie des differens peu-

*de la Langue Françoise.* 5

ples qui habitoient les *Gaules*; mais ce jargon tenoit tous ses mots, & ses termes de la *Langue Latine*, ceux qui pour lors se distinguoient par un peu plus de politesse, ne faisoient que traduire le Latin mot pour mot, & les Actes publics, & les Traitez autentiques étoient conçûs en Latin : telle fut *la Langue Françoise* sous la premiere Race de nos Rois.

Comme sous cette Race, la France étoit, pour ainsi dire, dans son enfance, son langage n'étoit aussi qu'un babil, qu'une multitude de paroles sans ordre, sans regles, & presque toûjours sans sens & sans signification : il n'y avoit pas même d'apparence qu'el-

A iij

le dût se perfectionner ; car tout conspiroit contre son amendement, & tout sembloit contribüer à sa rusticité : *les premiers Francs* se sentant de leur origine qui étoit grossiere & barbare, se mettoient peu en peine de la politesse du langage, c'étoit assez pour eux de se faire entendre ; & comme l'exercice des armes étoit leur principale occupation, ils méprisoient les Sciences, negligeoient les Arts, & n'avoient nul goût pour les belles choses ; c'est ce qui étoit cause que personne n'étudioit, personne ne s'appliquoit aux Arts ; à peine les plus habiles gens de ce tems-là sçavoient-ils lire, & écrire, on étoit dans une crasse ignorance, & pour épaissir encore d'avantage les tenebres de ces siécles ignorans, les *Goths* peuples d'Asie sortant de leur païs où ils ne pouvoient plus subsister, tomberent sur l'Europe comme un torrent, & aprés l'avoir ravagée, ils en occuperent les plus considerables parties.

Cette Nation crüelle & barbare, s'il en fut jamais, étoit ennemie mortelle des Romains, la haine qu'elle avoit contre ce peuple si grand & si parfait, fut portée si loin, que pour en effacer le nom & la memoire, elle corrompit sa *Langue*, elle abbatit ses plus beaux monumens, & détruisit tout ce qui en pouvoit conserver le souvenir. De là sont venuës plusieurs *Langues* qu'on parle aujourd'huy dans l'Europe, comme l'*Italien*, l'*Espagnol*, le *Suedois*, &c.

Les revers d'une Nation sont plus remarquables dans *sa Langue* qu'en toute autre chose; les *Gaulois* nous en donnent un exemple bien authentique dans leur decadence; *ces peuples qui* * selon S. Jerôme ** & le sçavant Jean de Viterbe, étoient la Nation du

* S. Hieron. lib. contra Vigil.
** Jean de Viterbe dans son Exposition sur Berose & Manethon, s'expliquent de cette maniere; *ce ne furent point les Gaulois qui apprirent des Grecs l'Art de l'Ecriture, & les Sciences, mais plûtôt toute la Grece, & l'Asie, avec leurs Habitans, les reçûrent des Gaulois.*

monde la plus polie & la plus sçavante, ces peuples, dis-je, qui avoient appris les Sciences & les Arts aux Grecs, devinrent ignorans & rustiques ; lorsque les *Romains* les eurent soumis à leur puissance : *les Romains* eux-mêmes eurent le même sort aprés que les *Goths* eurent inondé leur Empire, & reduit l'*Italie* en cendres.

Mais si cette Nation a été si polie & si sçavante ; d'où vient qu'elle n'a point écrit son Histoire, & qu'elle n'a laissé à la posterité aucune marque de sa politesse, & de son érudition ?

Il est bien probable, & même on ne doit pas douter que les *Gaulois*, qui au sentiment de leurs Ennemis mêmes ont eu de si excellens Philosophes & de si éloquens Orateurs, n'ont manqué ni de Poëtes, ni d'Historiens, pour écrire leurs Conquêtes, & toutes leurs belles actions ; mais *le Romain* qui a toûjours regardé *le Gaulois*, comme l'Ennemi le plus redoutable qu'il pût jamais avoir, desesperant non seulement d'accroître sa puissance, mais même de se conserver dans la possession de la seule *Italie*, conçut pour cette Nation une si forte haine qu'elle devint implacable, & comme hereditaire dans les generations, elle entroit avec les Peres au tombeau ; elle renaissoit avec les Enfans, & sortoit avec eux du sein de leurs Meres : cette haine n'é-

*de la Langue Françoise.* 11
toit pas sans fondement.

En effet, on sçait que *le Gaulois* a souvent humilié l'orgüeil *du Romain*, & l'a mis plusieurs fois à deux doigts de sa perte, *le Romain*, dis-je, moins brave que *le Gaulois*, mais plus ruzé & plus fecond en artifices, profitant de la division qui regnoit dans les *Gaules*, se servit du *Gaulois*, pour détruire *le Gaulois* ; & après lui avoir imposé le joug de sa domination ; si toutefois on peut dire, qu'il l'ait jamais bien soumis à sa puissance, il n'eut rien de plus à cœur que d'assouvir sa haine : peut-on douter que dans une occasion si favorable, il n'ait dépoüillé cette Nation de tout ce qu'elle avoit de plus beau & de plus glorieux, & qu'il n'ait reduit en cendres tous les ouvrages de ses Sçavans ?

C'étoit là le génie *du Romain*, son orgüeil le rendoit envieux de la gloire des autres Nations ; c'étoit assez pour encourir sa haine & son couroux, d'être brave, & de se distinguer par les Sciences & les Arts : Quelle cruauté n'eut-il point pour les Livres des Sybilles ? & ne fit-il pas brûler les ouvrages des plus sages Philosophes d'Egypte ?

On ne doit pas aussi douter que lorsque *les Gaulois* s'unirent aux *Francs*, qui aprés cette union furent nommez *François*, la *Langue des Gaulois* n'ait prévalu à celle des *Francs*, & que ceux-ci ne s'y

*de la Langue Françoise.* 13
soient accommodez : les raisons en sont plausibles ; les *Gaulois* étoient superieurs en nombre, en science, en politesse, & à proprement parler, ils ne furent ni soumis aux *Francs*, ni contraints de s'unir à eux: L'union se fit volontairement, du moins pour la plus grande partie de ces peuples ; outre cela l'occasion favorable de se délivrer de la domination Romaine y eut beaucoup de part ; cela est si vray que *Meroüée* qui étoit penetrant, & adroit, connoissant l'aversion que les *Gaulois* avoient pour les *Romains*, se servit du pretexte specieux de la liberté, pour les engager plus facilement à joindre leurs forces aux siennes, afin de chasser les

*Romains* des Gaules : ainſi la *Nation Françoiſe* vient autant, & même plus du *Gaulois* que des *Francs*; mais pour la *Langue*, qui dans le commencement étoit preſque toute *Gauloiſe*, fut entierement corrompuë par les *Colonies Romaines*, dont aſſeurement nous deſcendons auſſi.

Sous la ſeconde Race de nos Rois, la France devenuë plus ſage, entra dans ſon adoleſcence, ſon humeur boüillante ſe fixa, ſes eſprits évaporez furent un peu plus raſſis; elle devint plus ſociable, plus humaniſée, plus capable de ſe perfectionner; c'eſt ce qui fut cauſe que Charlemagne qui avoit l'eſprit élevé, & des qualitez immortelles

*de la Langue Françoise.* 15
fonda l'Université de Paris, & plusieurs autres, où il attira par ses largesses & ses liberalitez immenses un grand, nombre de Sçavans, mais tous ces illustres Hommes peu soigneux du *François*, ne cultivoient que le *Grec* & le *Latin*, esclaves de ces *deux Langues*, ils en recherchoient toutes les graces & toutes les beautez, sans faire aucune attention à *la Langue Françoise*, ils ne la croyoient pas digne du moindre de leurs soins, c'étoit même parmi eux une espece de gloire de parler toûjours *Grec* ou *Latin*, & dans les conversations mêmes les plus communes & les plus familieres, ils citoient à tous momens les Autheurs de

la Grece & de l'Italie, pour un mot *de François* qui leur échapoit comme par mégarde ou par necessité, ils innondoient d'un deluge de *Grec* & de *Latin* : En verité, l'on pouvoit bien dire d'eux, ce que Henry IV. dit d'un homme de son tems, qui ne put pas seulement lui faire un compliment en François, aprés l'avoir harangué fort éloquemment en Latin, *qu'ils étoient comme cet Orateur des Asnes chargez de Grec & de Latin.*

En effet, ils étoient barbares dans leur propre païs, & l'on pouvoit justement les regarder comme des Etrangers dans le sein de leur Patrie, & au milieu de leurs Concitoyens; semblables à ces

Conquerans, qui éternellement occupez de desseins & de projets, negligent ce qu'ils possedent, pour conquerir des Provinces, qu'ils ne peuvent conserver, ou en joüir avec avantage, s'ils ne sont bien maîtres de leurs Etats.

C'est assurement faire un mauvais usage des Etudes, que de cultiver les Langues Etrangeres pour elles-mêmes, sans les rapporter à l'utilité de sa propre Langue : on ne doit s'y appliquer que pour la perfectionner ; il faut faire comme les Abeilles qui ne s'arrêtent sur les fleurs, que pour en tirer ce qu'elles ont de plus doux & de plus delicieux : & comme ces Sages ouvrieres en font un miel savoureux, dont elles se nourrissent, & une cire molle & solide, qui leur sert de maison; de même les Gens de Lettres doivent chercher dans les Sciences dequoy nourir, à la verité, leur esprit ; mais comme tout honnête-homme ne doit pas seulement travailler pour soi, mais pour les autres, & qu'il est obligé par reconnoissance de consacrer à sa Nation & à sa Patrie les fruits de ses Etudes : il ne peut, ce me semble, leur mieux marquer sa gratitude & la beauté de son naturel, que par les soins qu'il prend d'embellir sa *Langue*, de lui concilier les graces des autres, & de la parer de leurs ornemens.

Nos Ancêtres étoient bien éloignez de cette conduite : *la Langue des Grecs & des Romains*, qu'ils s'étoient rendus si familieres, leur avoit inspiré leurs sentimens & leurs maximes ; vous diriez qu'ils étoient, comme eux, envieux de la perfection des autres ; car ils faisoient mystere de tout, ils resserroient les Sciences en des limites fort étroites, & les tenoient, pour ainsi dire, captives.

Ainsi la *Langue Françoise* qui devoit tirer tant d'avantages des autres, n'en fut que plus negligée, disons tout, plus méprisée, plus maltraitée : c'étoit une Etrangere dans son propre païs, & une captive dans sa maison, qui étoit obligée de ceder le pas à celles qui devoient la servir & la respecter; elle n'osoit pas même paroître devant elles, ni se trouver en leur compagnie, c'étoit une mere abandonnée de ses propres enfans, qui en caressoient d'autres, qui les honoroient, qui les cultivoient, parce qu'étant richement parées, elles avoient pour eux des graces & des attraits si engageans, qu'ils oublioient celle à laquelle ils devoient tout, ils en avoient même du dégoût, parce qu'étant dans une extrême disette, elle n'étoit vêtuë que de haillons & de lambeaux : Etrange sort, condition deplorable d'être obligé de se cacher, parce qu'on n'a point de beauté, &

d'être odieux parce qu'on est pauvre !

Cependant *cette Langue* si foible, si défigurée, si tristement habillée, avoit un fonds de beauté; elle faisoit entrevoir certains petits traits, qui étant mieux formez, pouvoient être reguliers, & dont l'assemblage pouvoit faire un objet charmant : c'étoit un diamant, mais brute qu'il falloit tailler, & polir, pour le rendre brillant & lumineux, c'étoit un or précieux, mais envelopé de bouë & d'argile, qu'il falloit decrasser, qu'il falloit nettoyer pour en voir la pompe & les richesses: pour cela il falloit d'habiles mains, une telle entreprise demandoit beaucoup de goût

& de justesse d'esprit ; car il falloit, pour ainsi dire, lutter contre la barbarie & la grossiereté du siecle, il falloit s'élever au-dessus de l'usage qui est un tyran bien difficile à surmonter & se faire comme un nouveau systême de langage, il falloit introduire des graces & des ornemens, qui fussent propres & naturels à la disposition de la Langue & au génie de la Nation, il falloit ajoûter de nouvelles beautez, sans effacer les anciennes, ou pour parler plus plus nettement, il falloit faire sortir de la matiere la forme qui y étoit cachée ; pour cet effet il étoit necessaire de débroüiller le chaos ; c'est à dire qu'il falloit s'appliquer à bien penser, à raisonner juste, à arranger ses idées, à distinguer les choses confuses, à trouver la juste signification des termes, à se servir de mots propres, à les placer à propos, & toûjours aux lieux où ils doivent être naturellement, à bannir de certaines expressions trop basses, ou trop enflées, presque toûjours inutiles, qui ne signifient rien, & qui ne sont propres qu'à faire de pompeux *galimathias*.

Nos gens de Lettres des siecles passez n'étoient pas capables d'executer un tel dessein. On peut juger de leur esprit & de leurs talens, par leurs ouvrages : Quelle dureté dans leur style : quelle bassesse dans leurs fentimens; & quelle negligence à traiter leurs Sujets ! Leurs plus belles productions font pitié, on n'y trouve ni ordre, ni netteté, ni agrément : ce ne font par tout que des citations à contre-tems, des applications fauffes, des figures outrées, des comparaifons fans rapport, des expreffions toûjours baffes ou guindées, des jeux de mots pueriles & ridicules, & prefque toûjours des fens entrecoupez des matieres entamées, & des fujets mal fuivis, qui font bâiller le Lecteur, qui l'ennuyent, qui le fatiguent; car l'efprit eft attentif, & ne void rien; il cherche la verité, ou du moins quelque vrai-femblance, ce, & il ne trouve ni l'une ni l'autre, il tâche d'entrevoir le motif, la fin, & les circonstances, & par tout il ne rencontre qu'un mélange confus, qui a proprement parler, ne signifie rien, ou c'est toute autre chose qu'il ne doit signifier, il se perd dans ce labyrinthe, & a peine à en sortir : de tels esprits auroient apparemment travaillé long-tems, sans beaucoup avancer ; mais du moins leur entreprise seroit loüable, & leurs efforts, quoique peut-être inutiles ou terminez à de fort petits succez leur auroient tenu lieu de service dans l'esprit de la posterité.

La *Langue Françoise* demeura donc, pour ainsi dire, en

friche, parmi tant de gens qui devoient la cultiver; mais malgré toute la negligence qu'on avoit pour elle, elle se conservoit & se fortifioit dans ses principes sous la rudesse & le mauvais goût de ces siécles, & cela nous fait voir qu'il y a beaucoup de conformité entre la condition d'une Langue, & la situation de sa Nation, car elles ont le même sort.

On sçait que nôtre Monarchie a esté exposée à bien des vicissitudes, on l'a vûë tantôt bien élevée, & tantôt fort abaissée; elle a semblé être le joüet de la Fortune; mais tous les revers de cette inconstante Déesse, n'ont rien diminué de sa dignité &

de sa préeminence sur les autres États de l'Europe, tous les caprices de cette aveugle, n'ont pû entamer sa gloire ; au contraire, elle a toûjours augmenté comme le nombre de ses années, tous les maux qu'elle a souffert, l'ont affligée, mais ils ne l'ont pas abbatuë, ils n'ont fait qu'éprouver sa constance, & affermir son courage : telles devoient être les épreuves d'une Monarchie qui devoit s'élever à une solide grandeur, & telles aussi devoient être les disgraces d'une Langue, qui de toutes devoit être la plus polie & la plus noble.

Cette conformité donne lieu de croire qu'il y a bien de la proportion entre les productions de l'Art, & les ouvrages la Nature ; car comme les roses naissent parmi les ronces & les épines, que les perles se forment de l'amertume de la mer, dans l'agitation continuelle des eaux, & que l'or n'est jamais plus pur ni plus brillant, que lors qu'il a éprouvé toute la violence du feu, & tous les tourmens de l'Orfevre : de même les grands Empires commencent à se former par les travaux, il s'elevent par les revers de fortune, & se fortifient par tout ce qui semble les détruire : portrait fidelle de nôtre Langue & de nôtre Monarchie.

Sous la troisiéme Race de nos Monarques, la France commença à changer de face, elle chercha les moyens d'aſſurer ſon repos, & de faire naître parmi ſes peuples une riche abondance, aprés avoir ainſi pourvû au dedans, elle ſongea au dehors, & deſlors elle donna des marques de ſa future grandeur ; auſſi commençoit-elle à entrer dans l'âge de virilité & de perfection, la Langue participa à cet heureux changement.

On vid paroître autour du Parnaſſe François des Grammairiens, des Hiſtoriens, des Poëtes & des Orateurs, mais ils demeuroient au pied de la montagne, les Neuf Sœurs les regardoient de bien loin, & le Dieu qui preſide ſur ce Mont ſacré, ne prenoit nul plaisir a leurs chants.

En effet, leur Poësie ne differoit de la Prose, que parce que les Vers finissoient par des mots qui rendoient le même son, c'étoit bien une chanson, mais languissante, sur un mauvais air, & dont les paroles étoient mal choisies, mal arrangées, mal ordonnées, ce n'étoit pas une Poësie, mais une versification, tout au plus ; car elle n'avoit rien de ce discours des Dieux, ni subtilité dans l'invention, ni enjouëment dans la fiction, ni noblesse, ni grandeur dans les evenemens, au lieu de ces saillies d'esprit qui sont comme le sel & l'assaisonnement de la Poësie, on trouvoit par tout une fade & ennuyeuse uniformité, au lieu de *l'entousiasme*, qui marque la chaleur de l'esprit qu'il s'éleve & se proportionne à la grandeur du sujet ; elle étoit toûjours rampante, ou si quelquefois elle prenoit l'essor, ce n'étoit que pour tomber de plus haut, & faire de plus pitoyables chûtes. Mais le style sur tout en est si desagreable, qu'il dégoûte & irrite le Lecteur.

Les Orateurs ne reüssissoient pas mieux ; il falloit deviner quel étoit leur but, & leur dessein, ou plutôt qu'ils l'apprissent eux-mêmes par un titre specieux, qu'ils marquoient en grosses lettres au commencement de leurs ouvrages, autrement on n'auroit pû demêler leurs Heros des Anciens, ni sçavoir précisement de quelle vertu ils vouloient parler; car ils ne specifioent jamais leurs sujets, & n'en faisoient aucun caractere, ils étalloient des lieux communs, & les cousoient ensemble, mais toûjours avec si peu d'art, que ces lambeaux étoient toûjours reconnoissables, & ne faisoient point d'unité, ainsi leurs Heros & leurs grands Hommes, étoient comme l'oyseau de la *Fable* qui se para des plus belles plumes des autres, & n'en fut que plus hydeux, parce que cette parure lui étoit étrangere, & ne lui convenoit pas: pour un sujet qu'ils vouloient traiter, ils y en joignoient plusieurs d'autres, qu'ils approfondissoient tous également, ou pour mieux dire, qu'ils ne faisoient qu'effleurer : semblables à ces Chasseurs, qui courent plusieurs Liévres à la fois, & n'en prennent aucun ; ce n'étoit pas là imiter les Anciens, qui se renfermoient dans les limites d'un sujet, qui le traitoient à fond, qui n'y mêloient rien d'étranger, qui l'embellissoient de tout ce qui lui étoit propre, & de tout ce qui avoit avec lui de justes rapports, mais sur tout qui le caracterisoient de telle maniere, qu'il étoit toûjours parfaitement reconnoissable; c'est ce qui fait que dans les Portraits que ces grand Maîtres nous ont laissez, nous ne pouvons confondre Alexandre avec Cesar, ni prendre Scipion pour Annibal : car quoi qu'ils ayent tous excellé dans la même vertu, qu'ils ayent été tous Heros, tous grands Capitaines : Cependant ils Ils l'ont cultivée differemment selon leurs coûtumes, leur génie & leurs inclinations naturelles; & voilà les caracteres qui les distinguent les uns des autres.

Il est bon d'imiter, mais cela se doit faire avec une extrême delicatesse & une parfaite connoissance de l'Art; ce qui a perdu nos Orateurs, c'est qu'ils ont pillé les Anciens, sans choix, sans goût, sans discernement ; ils ont pris leurs matieres fans les digerer, fans les rendre propres à recevoir la forme qu'ils y vouloient introduire, ils faifoient comme les Alchymiftes qui calcinent les metaux, & qui foufflent éternellement pour les tranfmüer en or, ne prenant pas garde que les mariages de la nature font indiffolubles, & que tous les rafinemens de l'Art ne peuvent dépoüiller la matiere de fa forme, bien moins encore la revêtir d'une autre.

Un habile homme imite la nature, qui fçait admirablement diverfifier fes effets, qui d'une même chofe fait tant de productions differentes, qui du même fuc de la terre produit des rofes & des épines, ici des pierres, là des arbres, & cette variété n'est causée que par l'artifice de cette sage ouvriere, qui conserve long-tems dans son sein la matiere de ses productions, qui la cuit, qui la digere, & la rend propre à recevoir toutes les belles formes dont nous la voyons. revêtuë.

Pour faire un ouvrage digne d'être lû, il faut bien penser à la nature de son sujet, mediter long-tems sur la forme qu'on lui doit donner, & faire une recherche exacte des ornemens & des beautez dont il est capable. Il y faut faire entrer plus d'esprit que de paroles, plus de sens, plus de force que de matiere, & de quantité ; mais ce n'est pas assez de bien penser & d'avoir des sentimens élevez & heroïques, il faut s'exprimer noblement & proprement; car les pensées ne sont sensibles que par les paroles qui les manifestent. Or ces envelopes doivent être faites d'une habile main, sans quoi les plus grandes beautez du génie ne touchent point, les plus vives lumieres de l'esprit demeurent comme éclipsées; il n'est pas donné à tous les hommes qui se mêlent d'écrire, de coudre & de tailler ces habits spirituels, il n'y a que ceux qui joignent un heureux génie à la parfaite connoissance de la Langue, qui les puissent bien faire.

Un esprit superieur ne doit

pas toûjours s'aſtraindre aux regles, ni s'aſſujettir ſervilement aux preceptes, même à ceux qui viennent des plus grands Maîtres ; car l'éloquence eſt comme une vaſte mer, ſur laquelle on peut faire voiles en bien des manieres, & arriver au port par des voyes differentes. Chaque homme a ſes ſentimens, chaque génie à ſa lumiere & ſon flambeau, qui lui font voir quelquefois des beautez qui n'ont pas eſté apperçûës des autres : car tout l'eſprit & le bon ſens des hommes ne ſont pas renfermez dans une ſeule tête : les ſaillies d'eſprit & les mouvemens d'une imagination vive, ſont des beautez raviſſantes, qui ſont au-dessus de toutes les regles; ces ornemens sont de tous lieux & de toutes places, ils brillent par tout; cependant quand ils sont mis où ils doivent être naturellement, ils font encore plus d'effet, mais ces libertez ne conviennent qu'aux esprits superieurs, capables de s'élever au-dessus de leurs sujets, de les manier à leur fantaisie, & de les tourner en tant de manieres, qu'ils semblent recevoir comme un nouvel être, & trouver entre les mains de ces hommes extraordinaires une seconde création.

Les Historiens étoient encore inferieurs aux Poëtes & aux Orateurs : on n'en doit pas être surpris : car pour écrire dignement une Histoire, il faut être Grammairien, Poëte, Orateur, Philosophe, Theologien, & ne rien ignorer de toutes les conditions de la vie civile, c'est à dire que l'Historien doit sçavoir toutes les Sciences & tous les Arts, ou du moins en avoir une connoissance suffisante pour en parler dans l'occasion autant que le sujet le demande : car une Histoire n'est pas un simple ouvrage, c'est un composé d'une infinité de sujets, qui quoi que differens en nature, ont pourtant des rapports & des liaisons, eu égard aux tems & aux circonstances.

Nos Historiens ont bien fait voir par leurs ouvrages qu'ils

*de la Langue Françoise.* 41
n'avoient presque rien de ce qui est necessaire pour écrire l'Histoire : il y a si peu de dignité dans leurs grands Hommes, si peu de noblesse dans leurs sentimens, si peu de constance & de fermeté dans leurs revers de fortune, qu'on a peine à les connoître pour ce qu'ils sont ; le Gentilhomme & le Bourgeois, le Capitaine & le Soldat y sont presque le même personnage, rien n'est singularisé, rien n'est bien marqué de son propre caractere, ce n'est par tout qu'un recit vague, qui n'instruit point, mais qui ennuye beaucoup ; car le style en est dur, embarassé, sans être jamais égayé, ni par les graces de l'Art, ni par les beautez de l'Esprit.

D

Or puisque l'Histoire est la depositaire de la Verité, l'Historien la doit manifester, & la mettre dans son grand jour, & quoi que cette Fille du Ciel soit d'elle-même toûjours une, & qu'elle ait par tout la même nature; cependant parce qu'elle se trouve dans une infinité de sujets, où elle n'a pas la même clarté ni la même évidence, elle a besoin de l'Historien pour lui ôter les voiles qui la tiennent cachée, ou qui n'en laissent voir que de petits rayons.

Or cette verité si precieuse, si estimable, ne peut être dévoilée & paroître toute nuë aux yeux des hommes, si l'on ne caracterise bien toutes les matieres d'une Histoire, si l'on ne marque la condition des personnes, leurs dignitez & leurs emplois, il ne faut pas même obmettre, ni la nature de l'esprit, ni la constitution du temperamment, ni le penchant du naturel ; car tout cela conduit à la connoissance des mœurs, qui sont, pour ainsi dire, l'ame de l'Histoire; aussi voyons nous que les Historiens de l'antiquité ont ménagé precieusement cet endroit : ils ont penetré jusqu'au cœur de ceux dont ils ont parlé, pour connoître leur penchant, pour sçavoir la fin & les motifs de leurs entreprises, & découvrir la nature de leurs actions, jusques dans le principe: il faut encore une extrême exactitude

D ij

pour specifier les tems, les lieux, & les circonstances; car tout cela sert puissamment à manifester la verité: mais il faut sur tout que le style de l'Historien renferme éminemment toutes les manieres d'écrire; car la varieté des matieres l'engage tantôt à écrire des Lettres & des Billets, tantôt à faire des Sonnets, & des Elegies, & tantôt à composer des Harangues. Il faut aussi que l'Historien ait beaucoup de goût & de discernement, pour bien connoître ses matieres, les distinguer, les arranger & les bien suivre, & qu'il ait grand soin de leur concilier les graces, & les ornemens qu'elles peuvent recevoir de l'Art, sans neanmoins affoiblir ni alterer leurs beautez naturelles : car un sujet peut-être embelli en bien des manieres, ou en retranchant ce qui luy est inutile, & comme étranger, ou en ajoûtant ce qui lui manque pour le rendre croyable à la posterité : il y a des choses qu'il faut reciter simplement, avec beaucoup de candeur & de naïveté ; il y en a d'autres où l'Art doit déployer toutes ses forces, & se servir de toute son industrie pour trouver des tours ingenieux & des expressions douces & insinuantes, afin d'engager le Lecteur à faire attention sur de certaines veritez importantes, qui d'abord ne frapent pas, ou qui échappent à la précipitation de l'esprit, & qui pour cela ont besoin d'un peu de secours, pour être goûtées, & faire sur cet esprit toutes les impressions dont elles sont capables : car il ne faut pas s'imaginer que le but d'une Histoire soit simplement de contenter l'avidité & la curiosité de l'esprit, elle a d'autres fins bien plus nobles : elle instruit & perfectionne, elle presente ses veritez à l'esprit, & donne au cœur ses precptes & les maximes, elle met devant les yeux du Lecteur, le passé avec tout ce qu'il a eu de bon & de mauvais pour qu'il en fasse son profit, & se précautionne à l'égard du futur : Elle lui fait voir dans son miroir une longue suite de siécles écoulez, & lui fait tacitement connoître que ceux qui couleront ensuite seront à peu prés de même ; car la nature est constante dans ses mouvemens, & garde toûjours le même ordre dans ses revolutions ; elle va jusqu'à un certain point, & revient aprés insensiblement à son premier terme ; c'est ce qui fait que pendant un certain espace de tems elle semble épuiser toutes ses forces à produire de grands Hommes, & à faire d'autres semblables merveilles ; aprés quoi elle se repose & reprend de nouvelles forces : ainsi le theatre du Monde est toûjours le même, ce sont toûjours les mêmes scénes, les mêmes decorations, mais les Acteurs ne sont pas toûjours les mêmes, ils disparoissent, & se succedent les uns aux autres, quoique pourtant ils fassent les mêmes personnages.

Enfin, l'Historien ne réüssira jamais, s'il n'est capable de suivre son sujet, de s'élever & de s'abaisser avec lui, de badiner & d'être quelquefois en joüé & même burlesque, mais pourtant agreablement & toûjours avec bienséance à la façon des Muses ou des Graces, & changer ensuite de visage, pour montrer une majestueuse gravité: mais dans cette varieté de personnages,

*de la Langue Françoise.* 49
personnages, il doit se souvenir que le style Historique n'est ni confus, ni obscur, mais toûjours net, toûjours pur, toûjours mélangé de force & de douceur, c'est à dire toûjours noble, toûjours mâle, toûjours fleuri.

Tels ont été les petits progrez de la *Langue* jusqu'au regne de *Charles IX*, ce jeune Monarque qui aimoit les Gens de Lettres, & qui cultivoit lui-même les Sciences, & les Arts, les auroit sans doute portez à une haute perfection, & auroit puissamment concouru à la beauté de la Langue, si la mort ne l'eût ravi lors qu'il montoit si genereusement sur le Parnasse ; car l'exemple des Souverains, a comme eux un pouvoir souverain ; c'est une espece de loi, mais douce, & volontaire qui lie les cœurs, qui les échauffe, qui remuë les volontez, & les attire par des mouvemens secrets, mais puissans, & qui enfin réveille l'esprit, & l'excite à faire de genereux efforts pour mettre au jour de dignes productions.

En effet, on a d'autant plus d'ardeur d'imiter les Souverains, qu'on est comme assuré d'y trouver du plaisir & de la gloire, & quelquefois aussi les douces faveurs de la Fortune ; car ordinairement les Princes qui cultivent les Sciences, aiment les Gens de Lettres, & leur font du bien, leurs Favoris & les Grands suivant le penchant de leurs Maîtres, estiment les Sçavans & les protegent : on se souvient encore, & l'on se souviendra toûjours tant qu'il y aura des hommes sur la terre, des siécles d'Alexandre & d'Auguste, qui pour leur politesse & leur profonde érudition, ont merité d'être les modeles de tous ceux qui les ont suivis : jamais Prince n'a été ni plus aimé, ni plus glorieux, qu'Alexandre & Auguste, parce que la vertu heroïque n'a jamais été mieux loüée qu'en leur personne. Ce grand nombre d'hommes si distinguez par le rare merite, & si celebres par tant d'ouvrages immortels, n'ont rien eu de plus à cœur que d'atteindre au but de ces deux grands Princes, qui étoit l'avancement des Sciences & des Arts ; & comme ils en avoient reçû des honneurs & des liberalitez immenses, ils ont fait éclater à l'envy leur reconnoissance, les uns par les brillans portraits de ces deux Heros, dont ils ont enrichi leurs siécles, & les autres par le recit de leurs grandes actions, qu'ils ont consacré à la posterité. Ainsi non contens d'avoir informé toutes les Nations de la terre de l'excellence de leurs augustes Bienfaiteurs, ils ont voulu immortaliser leur nom, & éterniser leur gloire, en les peignant si parfaits, si gene-

*de la Langue Françoise.* 53

reux, si bien-faisans, que dans tous les tems les plus grands Princes du monde tiendroient à honneur de les imiter & de leur ressembler.

Tel est le Sort des Princes qui aiment les Sciences & les Arts, & qui protegent ceux qui les cultivent, & tel est l'avantage des Gens de Lettres.

C'est une verité incontestable que l'esprit a besoin d'être excité par des honneurs & des largesses pour faire d'heureuses productions; sans cela il est languissant & comme assoupi dans le sein de la matiere, ne montrant jamais ses tresors ni ses richesses, semblable à ces esprits formels qui sont cachez dans le centre des semences de chaque chose, & qui y seroient éternellement sans mouvement, sans action, sans nulle generation, s'ils n'étoient réveillez par les rayons du Soleil; mais ce bel Astre, l'Agent universel de l'Univers, & la forme des formes, venant au secours de ces étincelles celestes qui lui sont semblables, étant d'une même nature, & procedant d'une même origine, les échauffe, les fomente & les met en mouvement, & pour lors ces petits esprits de feu brisent leurs liens, rompent les portes de leur prison, & agitant la matiere par des mouvemens imperceptibles, mais efficaces, en font sortir les formes parées

*de la Langue Françoise.* 55
de tous leurs ornemens naturels.

Telle est l'œconomie de l'esprit humain, cette substance immortelle; ce rayon sur-celeste, est de lui-même toûjours riche, toûjours actif, toûjours brillant & lumineux, mais il est envelopé de bouë & d'argile, il y est comme engourdi, il a besoin de secours pour se remüer librement, & quoique ses prisons soient inégales, & que les tenebres de quelques-unes soient plus épaisses que celles des autres; cependant il perce cette obscurité, & se fait jour enfin au travers de ces retraites si sombres, quand il est piqué de son aiguillon, qui est la gloire, *illi gloria calcar.*

*L'esprit surmonte tout, & court
à la Victoire,
S'il espere trouver la Fortune, &
la Gloire.*

Qu'on ne vante donc plus si fort ces siécles heureux de l'antiquité pour leur politesse & leur érudition, ils sont estimables, je l'avouë; mais ils n'auroient rien de singulier plus que les autres, si dans ceux qui les ont suivis, l'esprit y avoit trouvé les mêmes secours & les mêmes avantages: S'il y avoit eu des Mecenas, il y auroit eu des Horaces & des Virgiles, & si tant d'hommes distinguez par les talens de l'esprit avoient été élevez aux Charges & aux Dignitez, comme l'Orateur Romain, il y a long-tems qu'il ne seroit plus regardé comme un modele inimitable.

La perte de *Charles IX.* arrivée trop tôt pour l'avancement des Sciences, & la politesse de la *Langue* fut reparée par *Henry III.* Roy de Pologne, Frere & Successeur de ce jeune Monarque ; ce Prince qui dans le feu de sa jeunesse avoit donné tant de marques de son courage & de sa valeur, avoit l'esprit aisé, penetrant, & capable des plus hautes entreprises. C'étoit un génie merveilleux, mais qui malheureusement fut occupé à toute autre chose qu'il ne devoit l'être ; les desordres qu'il trouva dans cet Etat, eurent tous ses soins &

toute son application ; la France n'étoit alors qu'un chaos & qu'un abîme de confusion; elle étoit divisée en autant de factions qu'il y avoit d'hommes seditieux, capables de tout oser & de tout entreprendre; chacun vouloit commander, personne ne vouloit obeïr, la Religion étoit attaquée jusques dans le Sanctuaire, non-seulement par ses Ennemis mortels, mais par ses propres enfans : l'autorité Royale étoit méprisée, les gens de bien en proye à la fureur des Protestans, gemissoient sous leur tyrannie : Alors les *Muses Françoises*, ennemies de l'esclavage & de toute contrainte, disparurent de la Cour & des Academies les plus celebres, les Gens de Lettres ne les cultivoient plus qu'en tremblant, les Sçavans se cachoient, & les beaux esprits errans, soupiroient aprés le repos & la tranquillité si necessaires aux belles productions. Il falloit un esprit aussi prévoyant, aussi fecond en expediens & aussi superieur que celui de Henry III. pour tenir dans une situation si glissante, aussi malgré la fureur des Protestans, la rebellion de ses sujets, & tous les efforts de l'Espagne, il alloit triompher de tous ses ennemis, si l'Enfer ennemi de nôtre tranquilité n'eût vomi un de ses Ministres, qui sous l'apparence & l'habit d'un homme de bien, ôta la vie à cet infortuné Monarque.

Telle fut la fin de ce Prince, qui dans le commencement de sa carriere, s'étoit chargé de palmes & de lauriers, qui vers le milieu de cette course glorieuse avoit trouvé deux Couronnes, & les avoit mis sur sa tête, & qui sans doute, de l'humeur dont il étoit, & avec les talens qu'il possedoit, en auroit trouvé une troisiéme encore plus glorieuse & plus desirable dans les douceurs d'un noble repos & dans le commerce des Sçavans & des beaux esprits : car ce sont eux qui immortalisent les grands Hommes ; ce sont eux qui les empêchent d'entrer au tombeau, ou qui en recüeillent les esprits, & en raniment les cendres pour les faire vivre dans tous les tems & dans tous les siécles.

Il ne restoit plus qu'une Princesse de l'auguste Maison de Valois, en qui les richesses de l'esprit, & les charmes de la beauté, faisoient la personne de son sexe la plus aimable & la plus accomplie : cette grande Princesse si genereuse, si bien faisante, ne regna pas seulement sur les corps, mais plus souverainement encore sur l'esprit & sur les cœurs, & ce qui lui est particulier, & ce qui fait la recompense de ses études & de ses soins genereux pour l'embellissement de la Langue, c'eſt que ſon Empire ne s'eſt pas terminé au tombeau, comme celui des autres Reines, mais il a toûjours augmenté & augmentera toûjours comme le nombre des ſiecles; elle regnera dans tous les tems parmi les Sçavans & les beaux eſprits, ſon nom & ſa memoire leur ſeront precieux, ils ne ceſſeront jamais de vanter le merite de cette Sçavante Heroïne, & jamais ils ne croiront parler plus éloquemment, ni chanter plus delicieuſement, que lors qu'ils celebreront ſa politeſſe & ſon érudition.

Cette Sçavante Reine & ſes auguſtes Freres, ont bien fait connoître qu'ils étoient les dignes Enfans d'un Ayeul qui fut toûjours augufte, toûjours invincible. Ce Prince genereux & liberal, s'il en fut jamais, eſt aſſez connu dans l'Hiſtoire, ſans qu'il ſoit beſoin de le nommer ici, je le nommeray pourtant par reſpect, pour faire plaiſir aux Manes des Sçavans & des beaux Eſprits, dont il a eſté l'admiration & les delices: *François I.* ce Heros infatigable, ce Roi inimitable, ne crût pas que le courage & la valeur, lui puſſent donner cette immortalité que les grands Hommes deſirent avec tant d'ardeur, & qu'ils tâchent d'acquerir par tout ce qu'ils ont de plus cher, & de plus precieux; il la chercha par des voyes plus certaines, moins perilleuses, plus innocentes, & la trouva enfin dans l'étude des Sciences & des Arts, parmi les hommes qui s'y étoient rendus celebres : En verité, l'on peut bien dire de ce Prince, ce que *Philippe II.* disoit *de Ferdinand* Roi d'Arragon & de Castille, *c'est à lui que nous devons tout*, se récrioit il, en voyant son portrait : Oüi, France, c'est pareillement à ce grand Roi, que vous êtes redevable du rétablissement des Sciences & des Arts, c'est à lui que la Republique des Lettres doit le commencement de ses progrez ; mais j'oseray dire que la Langue s'est fort peu ressentie de tous ces avantages ; car les plus

*de la Langue Françoise.* 65
habiles gens de ce tems-là, suivant les traces de leurs Predecesseurs, la regardoient comme un sujet sterile, ils la negligeoient, & n'en faisoient point de compte.

*Henry IV.* Roy de Navarre, succeda à *Henry III.* comme le legitime & le plus proche heritier de la Couronne, ce Prince le plus grand des Rois, & le plus vaillant des Heros de son tems, avoit l'esprit fecond & le naturel le plus riche & le mieux faisant qui fut jamais ; il aimoit les gens de merite, & les combloit de biens & d'honneurs; mais la guerre l'occupa pendant tout le cours de sa vie, il eût toûjours les armes à la main, & ne pût arriver à ce tems heureux, où les Heros trouvent en se délaſſant la recompenſe de leurs travaux.

Il eſt vrai que lorſque ce Monarque commençoit à reſpirer, & qu'il étoit à la veille d'executer de grandes choſes, l'Enfer toûjours conjuré contre nôtre repos & nôtre proſperité, fit ſortir du fond de ſes abîmes une de ſes Furies qui ſous une figure humaine oſa tremper ſes mains, dans le ſang de cette victime innocente.

Cette perte conſterna la France au delà de ce qu'on peut s'imaginer, & fit verſer aux Muſes des torrens de larmes, elles ne ſe pouvoient conſoler d'être privées pour jamais de ce Prince, en qui elles s'étoient flattées de trouver un puissant Protecteur ; mais comme Dieu tire quand il lui plaît, le bien du mal, & qu'il n'afflige jamais ses enfans que pour les consoler dans la suite, versant d'une main le Baume celeste sur les profondes playes qu'il a faites de l'autre, il suscita un de ces Hommes si achevez & si parfaits, que leur production occupe toute la Nature, & semble-épuiser toutes ses forces.

On n'ignore pas que ce rare Homme n'ait été le Cardinal de Richelieu ; ce génie si vaste, si fecond, si élevé étoit naturellement né pour les grandes choses, rien ne lui coûtoit, rien ne l'embarassoit, tout lui étoit aisé, ce qui étoit aux autres insurmontable, n'étoit pour lui qu'un délassement, qu'un jeu d'esprit, c'est ce qui fut cause que chargé du poids de l'Etat, sous la minorité *de Louis XIII.*, il n'abandonna jamais ce qui faisoit ses plus cheres delices, je veux dire l'étude des plus serieuses Sciences, & donna souvent au public les dignes fruits de ses veilles & de ses meditations.

Ici se presente un nouvel ordre, tout l'Etat change de face, les Protestans sont humiliez, toutes leurs esperances s'évanoüissent, leurs forces sont brisées contre cette Digue fameuse, qui malgré toutes les fureurs de l'Element qu'elle semble insulter, & qu'elle maîtrise jusque dans son Empire, se conserve neanmoins, & subsiste dans son entier, comme pour apprendre à la posterité la juste punition de ces Heretiques, & le triomphe du plus juste des Rois : les traîtres & les seditieux sont sacrifiez à la tranquillité publique, nos Ennemis sont vaincus par mer & par terre, nos anciens Alliez sont secourus & puissamment protegez, & cette conduite si noble & si genereuse, nous en acquiert de nouveaux : l'Espagne qui jusques-là faisoit pancher la balance de son côté, devenuë legere, se roidit en vain pour faire le contre-poids ; car ce n'est plus ici le tems où armée de politique & de rafinemens, elle reprenoit à la Paix les dépouilles que nous lui avions enlevées pendant la guerre : les Sciences font cultivées, les Arts font perfectionnez, les Hommes de merite font recherchez & employez felon leurs talens., les Gens de Lettres & les beaux Efprits font eftimez & excitez par de nobles recompenfes, & la *Langue* fur tout dans ce changement heureux, trouve les plus folides fondemens de fa perfection.

Cette *Langue*, en effet, n'eft plus negligée ni cultivée par interruption, par des gens fans nom, fans politeffe, fans érudition, ceux qui s'y appliquent sont tous illustres par toutes les especes du vrai merite, dont le goût exquis, la justesse d'esprit & la belle Litterature donnent une idée de leur caractere: leur application n'est point gênée, elle est sincere & volontaire, la contrainte & la vaine gloire n'y ont point de part; l'amour qu'ils ont pour la gloire de leur Nation, est le motif qui les engage à donner si genereusement leurs soins à cette Langue; & comme ils en connoissent le merite & la capacité, & que malgré toute sa sterilité & sa secheresse apparente, ils voyent en elle un fonds de beauté, un principe de fecondité, ils redoublent leurs soins, ils multiplient leur induſtrie, pour la faire germer, & lui faire pouſſer des fleurs & des fruits, dignes d'eux & dignes d'elle.

Cette conduite ſi noble, ſi deſintereſſée, charma le Cardinal de Richelieu, & lui fit concevoir le glorieux deſſein qu'il executa peu de tems aprés : ce grand Homme, qui dans ſon élevation, n'avoit point d'autre but que d'embellir la France & la rendre la plus puiſſante & la plus glorieuſe Monarchie de l'Europe, crût que ce n'étoit pas aſſez qu'elle fût formidable, & en état d'impoſer la loi à ſes Ennemis, mais qu'il falloit qu'elle fût aſſez parfaite pour ſe faire aimer, du moins pour ſe faire eſtimer : dans cette

cette vûë il se persuada que le moyen le plus heureux & le plus efficace étoit de polir la Nation, de fixer sa legereté par la maturité du Conseil, & les maximes de la prudence, d'avancer les Sciences, de perfectionner les Arts, & de concilier à la *Langue* toutes les graces, & tous les ornemens dont elle étoit capable : Je ne dirai point ici tout ce qu'a fait ce grand Ministre pour faire réüssir tous ces projets si grands, si utiles, la France en voit aujourd'huy des effets, elle en ressent l'utilité & les superbes monumens dont elle est ornée, marquent bien mieux que je ne pourrois faire le zele & la tendresse de ce grand Cardinal, je dirai seulement qu'il institua l'*Académie Françoise*, qu'il composa d'un nombre choisi de beaux Esprits, pour être les Arbitres de la *Langue*, pour l'embellir & la perfectionner.

Toutes ces merveilles montrent bien que la posterité du Cadet de *Saint Louis* devoit l'emporter sur celle de l'aîné, quelque glorieuse & quelque auguste qu'elle ait été : En effet, la France ne fut plus, comme elle avoit été, le Theatre de la Guerre, le joüet de l'Espagne, & la victime des Protestans : *Henry le Grand* attaqua ces Monstres, il les vainquit en Hercules, & leur pardonna en Cesar : *Louis le Juste* terrassa l'Hydre, & lui coupa la tête; mais il en revint plusieurs autres, c'est pourquoi *Louis le Grand* y a appliqué le feu, & a purgé ses Etats du poison de ce Monstre affreux. Le premier de ces Monarques chassa les Espagnols du Royaume, dissipa les restes languissans de la Ligue, & remit les Protestans à leur devoir, & monta glorieusement sur le Trône de ses augustes Ayeux, qui lui appartenoit doublement, & par le droit de succession & par le droit de conquête : le second rompit toutes les forces des Protestans, il porta ses armes en Allemagne, en Italie, en Espagne, & s'y couronna de lauriers, il secourut ses Alliez, & les rendit victorieux de leurs Ennemis, il châtia l'Espagne de sa méchante foi, & lui enleva la meilleure de ses Provinces : le troisiéme de sa seule autorité, & sans verser une goutte de sang, engage tous les Sujets Heretiques à rentrer dans le sein de leur Mere ; il est l'Arbitre de la Paix de l'Europe, & vient de sortir victorieux & triomphant d'une guerre allumée & soûtenuë par une legion de Puissances liguées ensemble pour le combattre. Sous le premier de ces Regnes, la France sort d'esclavage, & secouë le honteux joug de la tyrannie, par le courage & la valeur : Sous le second, elle s'éleve au dessus de sa Rivale par les ressorts d'une profonde Politique, & la sagesse du Conseil ; mais sous le troisiéme, elle est à la fois la Puissance de l'Europe la plus heureuse & la plus glorieuse, par l'union de toutes les vertus, qui dans celui qui les possede, & qui les met en usage, font comme une harmonie celeste, & un concert melodieux.

La *Langue* s'est sentie de cette situation si glorieuse : elle a suivi la Monarchie comme pas à pas, & est montée avec elle par degrez au sommet de la perfection, tant il est vrai que le sort de l'une & de l'autre est semblable, & que leurs malheurs, ou leurs avantages sont toûjours communs, toûjours inseparables.

Cette Assemblée des beaux Esprits que ce Cardinal fameux commit à l'embellissement de la *Langue*, n'étoit pas seulement composée d'Hommes Sçavans, & profonds dans la connoissance de tout ce que les Sciences, & les Arts ont de plus caché & plus mysterieux, ils y joignoient l'habileté, la politesse, & la belle Litterature, car il ne faut pas confondre le Sçavant & l'habile Homme; ce sont deux caracteres bien differents, ils ne sont pas toûjours ensemble; l'un est la baze & le fondement, l'autre est la fin & la perfection, l'un est la matiere, & l'autre en est la forme, qui débroüille le chaos: & lui donne de la beauté, il en est le sel qui l'assaisonne ; & comme l'ame qui le remuë, qui le vivifie, c'en est l'esprit qui le conduit, qui l'éclaire, qui lui concilie des graces & des ornemens, qui le met en des situations avantageuses, & qui le fait toûjours paroître selon toute sa portée, & toute sa capacité.

L'experience fait connoître cette verité, elle ne l'a rend que trop commune & trop sensible : La Republique des Lettres a bien des Sçavans, mais elle a fort peu d'habiles Gens ; un esprit mediocre, même pesant & grossier, avec une memoire heureuse soûtenuë de beaucoup d'application suffit pour devenir Sçavant : mais pour être habile homme, il faut un esprit aifé, fecond, jufte, élevé : le Sçavant lit, & ne va pas plus loin : l'habile-Homme lit, refléchit, & medite fur fes lectures : celui-là poffede des trefors fans les connoître, fans en fçavoir le prix, ni s'en faire honneur : celui-ci confidere fes biens & fes richeffes, il en examine la nature, il penetre leur merite & leur capacité, & fçait tous les ufages qu'on en peut faire: tous les foins & toute l'application du Sçavant, fe terminent à conferver ce qu'il acquiert, mais toûjours inutilement ; car il enfoüie, pour ainfi dire, les precieux talens des Sciences & des Arts, fans jamais s'en fervir ni les faire profiter en aucune maniere : semblable à ces avares qui poſſedent de riches treſors, & ſont toûjours dans l'indigence, ou à ces animaux de la Fable, qui veillent nuit & jour pour garder des montagnes d'or qui leur ſont inutiles : mais l'habile-Homme met tout à profit, il rapporte toutes choſes à ſon utilité. S'il s'applique aux Arts, s'il cultive les Sciences, c'eſt afin qu'elles le ſervent à leur tour, qu'elles lui faſſent honneur, & qu'elles le dédommagent de ſes travaux & de ſes veilles, il n'eſt pas toûjours l'eſclave des Sciences ; comme le Sçavant, ni comme lui ne les ſert pas pour elles-mêmes, c'eſt uniquement pour lui: s'il n'esperoit en tirer de beaux avantages, il ne s'y appliqueroit jamais : l'étude d'un Sçavant grossier & pesant est donc un exercice mort, qui ne produit rien, qui se termine à rien ; le Sçavant est lui-même comme ces terres ingrates, qui ne rapportent jamais quelque soin que l'on prenne de les cultiver, & quelque bon que soit le grain dont elles sont ensemencées ; au lieu qu'un habi-homme est comme le bon serviteur de l'Evangile qui fait profiter ses talens & qui les multiplie ; c'est un champ fecond de lui-même où les semences croissent, & produisent une riche moisson, & lors qu'il est bien cultivé, il rapporte au centuple : L'Art avance peu sur un sujet ingrat, il y épuise en vain toute son industrie : la Nature commence les Orateurs, & fait les Poëtes, l'Art les polit & les perfectionne.

Il n'y a point de gens si raisonnables qu'ils puissent être, qui étant assemblez pour composer un corps, & & faire les mêmes fonctions, ne deviennent jaloux les uns des autres, & que les succez de quelques ouvrages, ne soient comme une espece d'aiguillon, qui les excite à l'envie, & à une certaine médisance, qui est d'autant plus dangereuse, qu'elle est plus fine, plus déguisée & plus assaisonnée d'esprit : les

Sçavans & les beaux Esprits ne sont pas exempts de cette foiblesse, on void même que ce vice sihonteux & si indigne des belles ames, regne encore plus parmi eux que parmi les autres hommes. Les Sçavans les plus celebres de l'Antiquité si grands & si parfaits dans les Sciences & les Arts, ont été fort petits, & fort defectueux en ce point. Toute leur fermeté s'y est évanoüie, toute leur force n'a été que foiblesse, & toute leur équité apparente n'a été qu'un phantôme, puis qu'elle n'a pû obtenir d'eux une reconnoissance sincere & un aveu autentique du merite de leurs égaux.

Telle est la malignité de la

Nature qui mélange ses plus beaux presens, & qui répand presque toûjours sur ses dons mêmes les plus precieux quelques goutes de corruption, qui comme un morceau de levain aigrissent la douceur de ses meilleurs fruits, & ternissent l'éclat de ses plus nobles ouvrages.

Les Sçavans sont à peu prés à leur égard, comme les belles femmes sont entr'elles : il est rare d'en trouver une équitable. Qu'on fasse voir à une Dame la personne de son sexe, la plus belle & la plus aimable qu'on se récrie sur ses yeux doux & languissans, dont les regards inspirent par tout de l'amour, & allument le feu dans les cœurs, les plus glacez & les plus infenfibles, qu'on lui faffe remarquer tous les traits reguliers de fon vifage, dont les rapports & le mélange font comme une douce harmonie, & forment le concert le plus melodieux, que puiffe exciter la beauté, qu'on lui peigne la delicateffe de fon teint, fon éclat, fa blancheur, la fineffe de fa taille, & un certain air aifé, noble, affaifonné, de pudeur & de modeftie, qui regne dans fes geftes, qui eft répandu dans toute fa perfonne, & qui même fe fait fentir jufques dans fes paroles; tout cela ne peut l'engager à à lui rendre juftice : vous avez beau lui dire que tout le monde s'eft declaré pour elle, qu'on l'a trouvée belle à la Cour, & charmante à la Ville ; la voix publique ne fait que l'irriter, elle en devient plus jalouse ; & lorsque vous la pressez de vous dire sincerement ce qu'elle pense de cette personne si accomplie, elle vous répond avec un soury affecté pour vous cacher sa tristesse & le desordre de son cœur, qu'elle est fort surprise que les Hommes soient de si mauvais goût, & que pour elle, puisque vous voulez qu'elle s'explique franchement, elle trouve cette beauté si vantée, fort commune & fort mediocre.

Tel est le sentiment des Sçavans, sur les talens &

les ouvrages de leurs semblables.

Cette injustice des uns & des autres, est fondée sur l'amour propre, qui donne de la presomption, d'où naît enfin cette ridicule vanité, qui porte les petites ames à s'estimer à s'aplaudir & à trouver en elles une excellence de beauté, & une superiorité d'esprit & de merite.

Le Cardinal de Richelieu qui connoissoit à fond le cœur de l'homme, prévit tout ce qui pouvoit desunir les membres de l'Academie, il sçavoit que les dignitez, les grands emplois, le rang & la naissance, donnent de l'ascendant qui porte insensiblement à maîtriser & à s'élever au-dessus des Loix : il prévint les desordres qui pouvoient naître de ce principe, il en ôta la cause, il en coupa toutes les racines, & en arracha jusqu'aux plus petites fibres. Ce n'est donc point ici une Assemblée tumultueuse, qui soit corrompuë par la brigue, ou divisée par les factions, on n'y a point d'égard aux distinctions, si elles ne viennent du vrai merite ; c'est ce merite seul qui y donne entrée, c'est lui qui en remplit les places, & qui donne lieu d'y pretendre : ces Esprits imperieux qui veulent toûjours primer, & decider d'autorité, ne s'y trouvent point, la docilité y regne, l'esprit éclairé, le génie brille, la raison l'emporte, le bon sens decide.

Cette précaution si necessaire, est cause que les grands Hommes du Clergé, de l'Epée & de la Robe, semblent se dépoüiller, de tout ce qui frappe & ébloüit, en devenant les membres de cet illustre Corps; quelques distinguez qu'ils soient par le rare merite, ils ne vont pas à l'Academie à dessein d'y enseigner, mais d'y apprendre, & d'y trouver encore de nouvelles lumieres: en y entrant ils croyoient être dans le Temple le plus auguste qui puisse être consacré aux Oracles de l'Eloquence, ils laissent, pour ainsi dire, tous leurs lauriers à la porte, & toutes *de la Langue Françoise.*

les diſtinctions étrangeres au caractere d'Academicien, & n'y apportent qu'un eſprit de douceur, & de docilité, c'eſt ce qui fait qu'ils diſputent ſans aigreur, qu'ils raiſonnent ſans prévention, & qu'ils jugent ſainement.

Ce ſont là les liens qui uniſſent tant d'Hommes illuſtres, qui rapportent à une même fin tant tant de génies differens, & qui en font comme un génie univerſel, qui preſide à la Republique des Lettres, qui la dirige, & qui l'éclaire. Le grand Richelieu en a formé les nœuds, qu'il a ſerrez doublement, afin que *l'Academie Françoiſe*, qui eſt ſon plus noble ouvrage, durât autant que cette Monarchie, pour laquelle il a tant travaillé.

La reconnoissance est naturelle aux belles ames, on ne peut obliger un cœur genereux qu'il n'en donne d'illustres marques : *l'Academie Françoise* toûjours occupée de son Instituteur, a été ingenieuse à trouver les moyens de lui marquer sa gratitude ; & son bonheur est tel, que sa reconnoissance égale la grandeur du bienfait ; je dirois même qu'elle le surpasse, si le bienfait n'étoit pas de sa nature, au dessus de toutes sortes de retours, sur tout quand il est fait comme il le doit être, genereusement ; sans interest, & dans la seule vûë de faire plaisir.

Cependant il n'y a point de regle si generale qui n'ait des exceptions : Ce grand Homme, il est vrai, semble s'être mis au dessus de tous les Eloges qu'on en peut faire, & ce qu'il a fait pour la gloire, & l'élevation de la France paroît comme superieur à toute recompense : je dirai pourtant qu'il a eté dignement payé de ses travaux, & de ses largesses : il a trouvé ce que les grands Hommes desirent uniquement, & ce que lui-même s'étoit proposé dans tous ses glorieux desseins, il a trouvé l'Immortalité dans les dignes fruits *de son Academie;* tous ces illustres Hommes qu'il a commis à l'embellissement de la *Langue*, ne marquent pas feulement fon nom dans leurs chefs-d'œuvre, ils le portent dans le cœur, il y eſt gravé plus noblement que fur le bronze, & l'airain, fon efprit qui femble être demeuré avec eux, qui s'y perpetuë, & qui eſt comme l'Ange tutelaire de l'Academie, les anime, & les fait vivre, fa gloire leur eſt precieufe, ils en font les fidelles depofitaires, ils ne cefferont jamais de la celebrer, & de la tranfmettre à la derniere pofterité.

Pour bien juger des derniers progrez de la *Langue*, il la faut mettre dans le même point de vûë de *la Monarchie* ; car leurs avantages font mutuels, & reciproques, ils rejalliſſent les uns ſur les autres.

On peut dire que l'auguſte Maiſon de Bourbon, eſt en quelque maniere une quatriéme Race, quoi que pourtant elle vienne de la même tige que la troiſiéme, & qu'elle ſoit un rameau d'une precieuſe ſouche * ; mais *ce Rameau d'or* a pouſſé de profondes racines dans une terre heureuſe, dans un air pur, & ſous un Ciel benin ; ce rameau fortuné devenu arbre porte ſa tête juſqu'aux nuës, ſes rameaux s'étendent aujourd'hui dans les plus nobles parties de l'Europe, ſes fleurs réjoüiſſent les Nations, ſes fruits les nourriſſent, & les engraiſſent, tout en eſt

* S. Louis.

utile, & salutaire, jusqu'aux feüilles mêmes, dont l'ombrage nous sert de voile contre les brûlantes ardeurs, & nous défend de la malignité du serain: mais la France a été privilegiée, elle joüit plus pleinement de tous ces avantages; car par ce precieux rameau, elle a sçû non-seulement comme cet ancien Heros * la suite de ses destinées; mais elle en void la consommation, étant montée, comme par degrez au sommet de la gloire. Rien, ce semble, n'étoit plus juste, puisque ce precieux rameau a pris naissance chez elle, & qu'il a été nourri dans son sein. La *Langue* qui suit de prés *la Monarchie*,

* *Enée.*

est arrivée par cette voye à sa plus grande perfection.

Sous *Henry le Grand*, la France fut ménacée de sa derniere perte, elle toucha au precipice, & fut à la veille d'y tomber, mais ce Heros l'en éloigna, il calma sa crainte, & ses frayeurs, il la mit en repos, & lui fit même concevoir d'heroïques desseins; la mort fatale de ce grand Roi en suspendit l'execution.

La Langue fit à son égard la même chose, & tint la même conduite : la Republique des Lettres étoit alors remplie de ces demi-Sçavans, Hommes sans lettres, sans goût, sans politesse : ces Sauvageons des Sciences, ces rejettons amers, déchiroient la Langue, & la defiguroient; mais peu à peu elle se vengea de leur ignorance, & de leur inhabilité, & secoüa enfin leur joug odieux, par les soins genereux, d'un petit nombre d'excellens Hommes, qui attaquerent la barbarie, & la rudesse jusques dans leurs retranchemens, qui lutterent contre le mauvais goût du siécle, & qui abolissant l'usage, éleverent sur les ruines de ce Tyran invincible les trophées de la *Langue* : ils introduisirent un nouveau langage : ces Heros des Lettres voulant pousser plus loin leurs conquêtes, avoient médité de beaux projets, pour l'embellissement de la *Langue* ;

mais ils ne purent les executer ; le grand Prince qui les protegeoit, & qui les animoit au travail, par ses largesses & ses bienfaits, disparut ; *les Muses Françoises* en furent vivement touchées ; leur joye se changea en tristesse, leurs chants cesserent, un profond silence succeda à leurs concerts, ou si la douleur leur permettoit quelquefois de respirer, elles ne poussoient que des sanglots, & ne faisoient entendre que des cris lugubres.

Sous *Louis le Juste*, cette Monarchie découvra de nouvelles routes, qui jusques-là lui avoient été inconnuës, elle les suivit, & se trouva heureusement sur un lieu éminent d'où elle se vid élevée, bien au dessus des autres Puissances, elle y vid ses Ennemis hors d'état de lui nuire, & profitant de cette situation avantageuse, elle humilia l'orgüeil de sa jalouse Rivale, elle se chargea des dépoüilles de ses Ennemis, & pour achever son triomphe, & le rendre plus éclatant, elle trempa ses palmes & ses lauriers, dans le sang de ceux-là mêmes qui s'estoient vantez de la noyer dans le sien.

La *Langue* par des sentiers cachez, & jusqu'à lors impenetrables aux Gens de Lettres imita cette conduite: resoluë de se mettre dans une entiere liberté, & de se procurer les avantages dont elle

*de la Langue Françoise.* 101
étoit capable, elle delara la guerre à tous ceux qui la vouloient captiver ; pour cela elle eut besoin d'un puissant secours, elle le trouva ce secours, & beaucoup plus heureusement qu'on n'osoit l'esperer: tout ce que la France avoit de plus poli, de plus spirituel & de plus versé dans la belle Litterature, prit son parti, le génie même des Sciences & des Arts, la prit hautement sous sa protection, il la plaça dans un superbe Temple où il voulut que libre pour jamais de ses Ennemis, elle s'expliquât par la bouche d'un nombre choisi d'Hommes illustres ; c'est dans ce lieu auguste qu'elle s'est perfectionnée, & qu'elle a rendu

ses Oracles; c'est là que ses habiles Ministres l'ont cultivée, l'ont enrichie, & l'ont renduë capable d'orner les Arts, & d'embellir les Sciences.

Sous *Louis le Grand*, cet Etat change entierement de face dans toutes ses parties, ce Heros invincible a plus fait lui seul pour l'agrandissement, & la gloire de la France, que tous les Rois qui l'ont gouvernée avant lui : il me seroit aisé de le montrer; mais ce seroit entreprendre de faire l'Histoire de ce Regne, qui n'est pas de mon dessein, je n'en parlerai que par rapport à la Langue, & je dirai simplement en abregé, que la Monarchie Françoise est aujourd'hui autant élevée sur toutes les Puissances de l'Europe, que le grand Prince dont elle suit les Loix, est plus parfait que tous les Rois qui l'ont précedé.

En effet, soit qu'on la regarde au dedans, soit qu'on la considere au dehors, elle est à la fois également heureuse & glorieuse, tout se consomme, tout se perfectionne ; ce qui étoit commencé, s'est achevé, ce qui étoit imparfait s'est accompli, ce qu'on avoit tenté tant de fois toûjours inutilement, & ce que tant de Rois si puissans avoient regardé comme impossible, s'est fait sans peine : L'orgüeil des plus fieres Puissances est humilié, l'Europe est vaincuë, l'Affrique est battuë & reduite à demander la Paix, l'Amerique & l'Asie, saisies de crainte, demeurent dans le respect, la Victoire y cüeille par tout des lauriers, & en fait des couronnes, qu'elle prodigue au Heros, qui nous conduit, & nous gouverne, la Mer, à l'exemple de la Terre, lui presente son empire; & les fleuves comme honteux, de ne rien faire pour celebrer sa gloire, & contribuer à ses plaisirs, changent de lit, & suivent de nouvelles routes : là ils entrent en de superbes canaux, & font couler avec eux, les richesses & l'abondance; ici ils grimpent le long d'un valon escarpé, & s'élevant sur de hautes colonnes, ils semblent se hâter d'arriver aux jardins de ce Prince, où par mille mouvemens étudiez, malgré toute leur insensibilité apparente, ils témoignent être bien aises de lui avoir rendu l'hommage de leurs eaux, ils s'élevent en l'air, & s'y joüent, & ne quittent qu'à regret les delices de ce lieu si superbe & si enchanté : la Nature elle-même, pour paroître aux yeux de ce Heros, plus riante & plus gracieuse, s'est unie à l'Art, & a fait avec lui une étroite alliance; & cet Art ingenieux a si bien ménagé la Nature & la conduite avec tant de sagesse, qu'elle brille aujourd'hui d'une infinité de beautez, & est parée de tous les ornemens dont elle pouvoit être embellie : la Renommée, cette Déesse infatigable, qui est toûjours en mouvement, & qui ne dort ni nuit ni jour, vole de climat en climat pour apprendre aux Nations ces merveilles : tel est aujourd'hui l'état de la France, tel est son bonheur, telle est sa gloire.

La *Langue*, qui jusqu'ici a été la compagne fidelle & inseparable de la Monarchie, ne la suit maintenant que de loin, quelquefois même elle la perd de vûë, toute noble, toute polie & toute feconde qu'elle est, elle manque souvent d'expressions, ou n'en a pas d'assez fortes ni d'assez energiques, pour bien dire ce qui s'est fait de nos jours ; mais pour cela elle n'en est pas moins estimable : son impuissance lui est commune, non seulement avec les *Langues* les plus nobles & les plus riches, mais avec les Arts les plus parfaits & les plus ingenieux : il est de certains faits si riches, si heroïques, qu'on ne les peut jamais bien reciter ; ils sont comme ces beautez, que les plus habiles Peintres tâchent en vain de bien representer, la delicatesse des traits échappe à toute la subtilité de leur pinceau, leurs couleurs les plus douces, les plus vives, & les plus artistement mélangées ne peuvent égaler la fraîcheur, l'éclat, la blancheur & la finesse du teint, tous leurs traits les plus hardis ne font qu'une ébauche, de certains yeux, qui n'ont point de couleur bien fixe, ni bien marquée; mais qui pourtant ont toute la douceur des bleus, toute la gayeté des gris, & tout le feu des noirs : telle est la superiorité de la Nature, quand une fois elle a mis la derniere main à ses ouvrages, ils sont au dessus des efforts de l'Art, tous ses rafinemens n'y peuvent atteindre.

La Langue a fait de grands progrez sous le Regne précedent, elle en a fait de plus considerables sous celui-ci, elle y a trouvé sa perfection : dans le siécle passé elle étoit riche

& parée d'ornemens precieux, mais ils étoient mal placez, mal assortis, il y manquoit du goût & de l'ordre : Cette *Langue* étoit à peu prés comme ces Dames de Provinces, qui sont richement vêtuës, & qui ne paroissent point, leurs habits sont mal faits, ils sont trop longs ou trop courts, trop larges, ou trop étroits, ils sont mal portez, ces Dames sont sous ces vêtemens comme des statuës qui ne se remüent qu'avec peine, toûjours contraintes, toûjours gênées, sans gestes, sans action ; il leur manque un certain mouvement aisé qui délie le corps, qui le soûtient, qui donn de l'air & de la grace à la démarche, qui fait paroître la taille, & qui semble augmenter l'éclat des parures : mais ces Dames ne sont pas long-tems à la Cour sans se façonner & sans apprendre à se bien mettre : Elles font retailler leurs habits, elles en ôtent le superflu, & y ajoûtent ce qui y manquoit, elles les portent mieux, elles sont plus libres, plus animées, elles ont plus d'air & plus de grace, c'est ce qui fait qu'elles paroissent & brillent même avec éclat, parce qu'elles aident à leurs habits à les parer.

La *Langue* a fait la même chose ; elle s'est dépoüillée de tout ce qui lui étoit inutile, & s'est donné ce qui lui manquoit : Les termes qui n'ont point de juste signification, & qui ne contribuënt rien ni au sens, ni à l'ornement du discours, ont été abolis : on a substitué à leur place des mots propres, significatifs, energiques ; on a banni de certaines expressions usées qui étoient comme de vieilles pieces cousuës sur un bel habit, & l'on en a introduit d'autres, qui paroissent toutes neuues, eu égard à leur figure & à leur arrangement, mais qui pourtant sont aussi anciennes que la raison, & le bon sens : cette multitude de proverbes qui inondoit le discours, a été congediée comme trop basse & trop rustique : les circonlocutions, qui bien souvent marquent l'ignorance de la Langue ont été retranchées, on n'en a retenu qu'un petit nombre, encore n'a-ce été qu'à condition qu'on ne s'en serviroit qu'au défaut des mots propres : cette purgation de la *Langue*, n'est pas un effet du caprice, comme s'imaginent certains hommes grossiers, gens de la *vieille Roche*, qui vivent d'habitude, & qui aiment mieux la rudesse du langage de leurs peres, que la politesse de celui de leurs enfans ; l'entêtement, ni l'amour de la nouveauté n'y ont point eu de part ; la raison y a présidé : & le bon sens a decidé.

Tous ces grands Hommes qui se sont appliquez à la

*Langue*, & qui continuent à lui donner leurs soins, ne font rien legerement & avec précipitation, tout est meurement examiné, tout est pesé au poids du goût & de la politesse; s'ils retranchent quelque chose, ils en ont vû l'inutilité, s'ils ajoûtent, la necessité ou l'ornement du discours, les y engagent.

L'application infatigable de ces illustres Hommes, me fait souvenir de ce qui se fait dans l'Agriculture, & particulierement à l'égard des Plants qui en sont la plus noble partie; ceux qui s'y attachent & qui s'y distinguent, ôtent la mousse des arbres, rafraîchissent les racines, purifient le tronc des chancres devorans,

K

qui en font comme la cangrene, & purgent les branches de ces chenilles malignes, & de ces vers gloutons, qui rongent les feüilles, flétriffent les fleurs, entament les fruits & les font mourir : leurs foins vont plus loin ; ils coupent les rameaux inutiles, & confervant les jets & les brins à fruit, ils les déchargent, les ébourgeonnent, & n'y en laiffent qu'une jufte quantité, afin de ne pas épuifer les forces de l'arbre, & d'en rendre le fruit plus gros, mieux nourri & de meilleur goût. Portrait fidelle, quoi que ruftique, des foins genereux que prennent nos illuftres Academiciens, pour embellir la *Langue* ; ces Hommes fi celebres & si distinguez, par tout ce que l'esprit a de plus riche & de plus precieux, employent toutes leurs lumieres, toute leur politesse & toutes leurs belles connoissances, non seulement à polir nôtre langage, mais à faire des Poëtes, à former des Orateurs, & ce qui augmente nos obligations, à enrichir la Republique des Lettres de leur Chefs d'œuvre, de ces ouvrages immortels, qui sont les fidelles depositaires de tout ce que les Sciences & les Arts, ont de plus beau, de plus utile, de plus sublime; car il ne faut pas s'imaginer que le but de l'*Academie Françoise*, soit simplement de nous apprendre à bien parler, elle a d'autres fins encore plus nobles ; en déliant nos Langues, elle éclaire l'esprit, purifie le cœur, & perfectionne toutes les facultez de l'ame : en introduisant dans le langage *les graces Athiques*, les expressions fleuries des Grecs, & l'Urbanité *des Romains*, avec les graves ornemens de leur style si noble & si coulant, elle presente à mêmetems à l'esprit les preceptes des uns, & les maximes des autres, ce qui a formé leurs mœurs, est appliqué aux nôtres ; ce qui a rendu ces deux Nations si éclairées, si sages, & si parfaites, nous est donné pour en profiter ; leurs plus grands Hommes viennent eux-mêmes nous instruire, & nous exhortent de les imiter ; ils n'omettent rien pour nous y engager, ils prennent nôtre langage, ils s'accommodent à nôtre genie, ils se font à nos manieres, les uns ne parlent plus mysterieusement, & ne se servent plus de signes hieroglyfiques, ils s'expliquent nettement, les autres quittent cette hauteur fastueuse, qui faisoit qu'on ne les approchoit qu'en tremblant, ils se communiquent & se familiarisent avec nous: il n'y en a pas un dont les paroles ne soient plus douces que le miel, & qui ne fassent naître en nous autant d'amour pour eux, que de respect ; telle est l'industrie de l'*Academie Françoise*, qui n'a pas seulement rendu, *le François* aussi poli dans son langage, que l'étoient le *Grec* & le *Romain*, dans le leur ; mais ce qui couronne son ouvrage, c'est qu'il a toute la sagesse de l'un, & toute la politique de l'autre.

Il est vray que depuis l'institution de l'*Academie Françoise*, on a pris plaisir à l'Etude ; car on n'a plus trouvé dans les Sciences même les plus épineuses, cette secheresse & cette amertume qui fatiguent l'esprit, qui le rebutent & qui l'irritent : toutes les difficultez en sont surmontées, on n'y trouve plus d'obstacles, on en a les clefs, ce ne sont plus comme autrefois, des arbres, qui fassent sentir toute l'aigreur & toute l'amertume de leur écorce, avant qu'on puisse goûter de leurs fruits, ce ne sont plus des roses environnées de ronces & d'épines, qu'on ne peut cüeillir sans se piquer; le plaisir qu'elles donnent à ceux qui les cultivent, est tout pur, il n'y a plus de mélange, ce qu'elles avoient d'amer & de rude, est devenu doux, savoureux & de bon goût, par l'application & les soins de l'*Academie*; cet illustre Corps a fait comme les Abeilles, qui succent les sucs amers des fleurs, & qui ont le secret de les digerer, de les cuire & de les si bien assaisonner, qu'elles en font comme une manne delicieuse; ce miel savou-

reux des Sciences ; cette manne spirituelle, qui éclaire l'esprit, qui fortifie le cœur, qui le réjoüit, se trouve dans les ouvrages de l'*Academie* : c'est là seulement qu'on le peut amasser, c'est-là qu'on en peut prendre, non pas seulement une mesure, comme les Israëlites, mais plusieurs, & tout autant qu'on en desire, car il n'est point sujet à la corruption ; c'est là qu'on peut cüeillir à pleines mains des roses & des fleurs ; de toute espece, qui sont de bonne odeur, qui sont toûjours fraîches, toûjours vermeilles, qui ne se fanent point, & ne se flétrissent jamais : c'est là qu'on peut apprendre à faire des bouquets,
des

des guirlandes, & même des Couronnes, pour les plus grands Heros.

En effet, tout ce que les Sciences ont de plus caché & de plus myſterieux, eſt aujourd'huy à découvert, les voiles ſont briſées, les Livres ne ſont plus fermez : le Seau en eſt levé, ils ſont ouverts, on les peut lire : car tout eſt développé, tout eſt nettement expliqué, il ne faut plus qu'un peu d'eſprit avec de la memoire, pour joüir des Sciences, & converſer avec tout ce que l'Antiquité a eu de plus grand, de plus poli, & de plus achevé: ſi l'on aſpire à la belle éloquence, on la trouve dans toute ſa ſublimité, ſi l'on deſire ſe perfectionner dans la Poësie, on en a toutes les graces les plus nobles & les plus gracieuses. Ici elles marchent avec le cothurne, & paroissent avec éclat sur le Theatre où elles immortalisent les Heros, & font parler les grands Hommes avec noblesse & avec dignité: là, plus libres & plus enjoüées, elles chantent si delicieusement, & badinent si agreablement, qu'elles enchantent & ravissent les cœurs : Si l'on veut converser avec les morts les cendres des Heros & des Heroïnes ont été ranimées, non pas seulement pour sçavoir les secrets de l'autre Monde, mais pour profiter de la disgrace des uns, de la mauvaise conduite des autres, de leur aveuglement dans

la prosperité, & de leur desespoir dans l'adversité : si
l'on croid trouver quelque
divertissement avec les animaux, l'instinct de toutes les
bêtes devient sensible, & se
presente aux yeux; cette varieté surprend agreablement,
on prend plaisir au langage
de tant d'especes differentes;
mais ce qui frappe & ce qui
étonne, c'est qu'on y ap-
prend à former ses mœurs,
à regler sa conduite, & qu'en
plusieurs occasions on peut
prendre pour modéle, ce que
pourtant l'on méprise. Enfin,
si animé de la grace, & échau-
fé de l'esprit de Dieu, on
souhaite se distinguer dans la
Chaire de Verité, on ne
manque point des secours ne-

cessaires à ce pieux & salutaire exercice ; on n'a qu'à lire les Sermons de tant de Heros Apostoliques, & l'on apprendra dans ces divines Pieces, que s'il n'est pas permis de flatter les consciences, on peut enchanter les oreilles par l'harmonie du discours, & porter l'onction jusqu'au cœur, par le choix des paroles, qui en font les envelopes & le vehicule : on y apprendra à remüer les passions, à amollir les cœurs, à en fondre les glaces, & à porter la crainte & la terreur dans les consciences intrepides, qui joüissent d'une fausse paix ; mais sur tout on y verra qu'après que ces grands Hommes ont fait gronder le tonnerre de la justice de Dieu, & qu'ils ont menacé le pecheur de l'écraser de ses carreaux, ils ont soin de le consoler & de lui faire esperer les tresors inépuisables de sa misericorde, ils ménagent la crainte qu'ils ont fait naître dans son cœur, pour ne le pas mettre au desespoir, ils adoucissent les playes qu'ils y ont fait, & font si bien qu'il n'en ressent de la douleur, qu'autant qu'il en a besoin pour sa conversion.

Cette diversité d'ouvrages dont chacun est dans son genre un vrai Chef-d'œuvre, est comme autant de beautez differentes, dont les charmes & les appas engagent à les aimer toutes.

L'une brille & éblouit, on ne la peut voir fans être émû, les fens font charmez, les yeux font enchantez, l'imagination eft occupée de fon image, & le cœur tout en feu fe fond, & s'exhale en foupirs.

L'autre pique & intereffe, fes graces font fi vives, fon air eft fi doux, & fes manieres fi engageantes, qu'on aime jufqu'à fes negligences.

Celle cy toute gracieufe, toûjours riante, toûjours enjoüée, joint au pouvoir de fes yeux & aux charmes de fon vifage, la beauté de l'efprit, on l'écoute avec plaifir, fes paroles douces & infinuantes coulent de fource, il y a du tour & de l'agreément dans ſes expreſſions, & quand elle vient à chanter, c'eſt avec tant de tendreſſe que ſa voix enleve les cœurs & les nourit long-tems de ſes ſes roulemens & de ſes tons melodieux.

Celle-là plus recüeillie & plus grave, a l'air d'une Heroïne, on aime à la voir, mais on ne peut ſoûtenir ſes regards ſans la reſpecter; car la pudeur & la modeſtie ſont peintes ſur ſon viſage, & toutes ſes graces ſont majeſtueuſes; cependant ſon grand air & ſes manieres nobles, ſont temperées de beaucoup de douceur & d'honnêteté, elle parle avec empire & autorité, mais ſes paroles ſi choiſies & ſi bien arrangées, en corrigent l'aigreur, elles ont de l'onction, on en est touché, l'émotion en plaît, on est charmé de l'entendre, & l'on voudroit qu'elle parlât toûjours, & qu'elle ne finît jamais.

Tel est le plaisir que l'on prend à lire les Ouvrages de l'Academie, tel est le ravissement où l'on est, quand on entend les concerts, & les Oracles de ses enfans.

L'envie regne dans toutes les conditions, les cœurs qui paroissent genereux & qui lui devroient être fermez & inaccessibles, lui sont bien souvent ouverts ; rien n'est plus ordinaire, que de voir des Hommes, qui doivent au hazard, plus qu'au merite, leur établissement & leur reputation ; rien, dis-je, n'est plus commun que de les voir fastueux, ils méprisent les autres, ils sont dédaigneux, ils ferment toutes les avenuës de la Fortune à ceux qui la cherchent, & bien loin de secourir un merite naissant, ils l'oppriment & l'étouffent dans sa naissance. L'injustice de cette conduite, si basse & si indigne des belles ames, vient de l'Envie, qui fait craindre à ces Hommes postez & applaudis, que si ce merite qui cherche à se produire, vient une fois à être connu, il ne les obscurcisse & ne soit à leur égard, comme ces jours & ces endroits lumineux, que les Peintres ménagent dans leurs Tableaux, pour en mieux marquer les ombres.

Les Sçavans & les Gens de Lettres font à peu prés la même chose à l'égard de ceux qui cultivent les Sciences : ils n'ont pas plutôt mis au jour quelques mauvaises Pieces, qu'ils s'érigent en Maîtres & en Censeurs severes, tout leur déplaît, rien n'est bien fait, s'ils ne le font, les plus belles productions leur font pitié, ils se croyent en droit de les blâmer, dés-là, qu'elles ne font point honorées de leurs suffrages, on a beau leur dire que cet Ouvrage est goûté, que le public l'estime, & le lit avec plaisir, & que les gens de merite, capables d'en bien juger, le mettent au nombre des meilleurs Livres ; tout cela ne les satisfait point, ils sont prévenus contre l'Auteur, il a du merite, il écrit bien, cela suffit pour qu'ils lui portent envie, & qu'ils se déchaînent contre son Ouvrage.

L'Academie tient une conduite bien opposée, ceux qui la composent, sont les Arbitres de la Langue, & les Juges souverains des productions de l'esprit ; mais l'envie ne fait jamais de tort aux bonnes, & la faveur n'est jamais pour les mauvaises, ils pesent le merite, & lors qu'il est trouvé de poids, ils lui rendent toute la justice qui lui est dûë dans quelque sujet qu'il se rencontre : ils occupent les premieres places du *Parnasse François*, on n'en ose approcher sans leur permission, & l'on ne peut y monter que sous leurs auspices ; mais ces Sçavans équitables n'en éloignent personne, bien loin de refuser leur assistance, ils invitent les Hommes bien nez à s'en approcher, & leur offrent genereusement leurs secours, pour monter sur ce Mont sacré : il n'y a que les Pies babillardes, ces esprits malfaits, incapables de se perfectionner & de profiter de leurs lumieres, qui n'ont pas la permission de goûter les delices de ce tranquille lieu, ni d'y respirer les zephirs qui s'y joüent en tout temps ; &

en cela il y a de la justice & de l'équité : car ces poids de terre inutiles, ces masses pesantes, paîtries de bouë & d'argile, n'ont de la dignité de l'Homme, que le seul nom, ils n'ont pas l'oüie assez fin, pour entendre les concerts melodieux *des Muses*, ils confondroient le Luth d'Appollon, tout harmonieux qu'il est, avec les rustiques Musettes, c'est pourquoi ils en sont bannis pour jamais, & n'en approcheront que de fort loin.

Si l'Envie ne se trouve point dans l'Academie, si elle y est odieuse, l'émulation y paroît aimable, on en est susceptible, quelque rare, & quelque distingué qu'y soit le merite, on veut toûjours l'augmenter, il n'y trouve point de limites ; la haute perfection des uns, est comme un gage assuré de celle des autres, & les Chefs d'œuvre de ceux-là, font faire à ceux-cy, de genereux efforts, pour les égaler, quelquefois même pour les surpasser : cette noble Coûtume, si loüable, si estimable, a toûjours été pratiquée des grands Hommes : on sçait que cette grappe de Raisin, si vantée de tous les siécles, qui dans l'antiquité a passé pour un rare Chef-d'œuvre, en produisit un autre encore plus rare & plus estimable : car si cette grappe surprit des oyseaux, le rideau enchanté de la peinture, trompa des Hommes,

& quels Hommes ? Un Homme celebre dans l'Art, & incapable de se tromper en matiere de peinture, un grand Maître, jusques-là superieur à tout autre, l'Auteur même de la grappe: tel est le pouvoir de l'émulation.

Mais comme la vertu & le vice logent sous un même toît, & qu'il y a fort peu de distance de l'une à l'autre, il faut bien prendre garde, de ne pas prendre l'Envie pour l Emulation, ni se couvrir de ses voiles, pour envier plus librement ; les Hommes bien nez, ne s'y méprennent point, il n'y a que les ames vaines, qui voudroient avoir le bien des autres, & se parer de leurs ornemens, sans rien faire pour les meriter; cependant elles ont leurs marques & leurs caracteres.

L'Emulation est toûjours douce, sans haine, sans aigreur, sans médisance, elle est équitable, & rend toûjours justice au merite ; car elle l'aime & le respecte ; en effet, c'est de lui qu'elle vient, c'est de lui qu'elle tire son origine, c'est lui qui la nourit & qui lui donne des forces.

L'Envie est un monstre affreux, toûjours inquiet, toûjours sombre & rêveur, qui ne dort ni nuit ni jour, qui seche, & qui languit, dans une honteuse paresse, qui pleure de son indigence, qui s'afflige sans cesse de la prosperité des autres; la médisance est la plus forte de ses armes, il s'en sert pour attaquer la vertu, pous flétrir l'honneur, pour ruiner la reputation, & jamais il ne cesse de vomir sur le merite, son plus noir venin, & d'empoisonner ce qu'il a de meilleur & de plus estimable.

 Mais aprés tout, que sert-il aux envieux de se tant tourmenter, pour faire de la peine aux autres ? le vrai merite n'est-il pas à l'épreuve de la plus noire médisance ? n'est-il pas au dessus des efforts de toute l'iniquité, c'est donc en vain qu'ils mettent en usage tous leurs artifices pour l'affoiblir, ils ne peuvent l'atteindre; bien loin de l'entamer.

Il ést pourtant vrai que ces Esprits malins, l'obscurcissent pendant quelque-tems ; car ils surprennent les credules, ils jettent de la poudre aux yeux des plus honnêtes gens, pour les empêcher de le bien voir ; mais aprés quelques momens, cette poussiere se dissipe & s'évanoüit, ils voyent clair, & reconnoissant alors l'énormité de l'injustice, ils redoublent leur estime, & n'omettent rien pour faire paroître avec éclat ce qu'on vouloit cacher, ou du moins éclipser.

C'est ainsi que le Soleil dissipe les vapeurs & les nuages qui le dérobent à nôtre vûë, & qu'aprés avoir mis en fuite tous ces ennemis de fa lumiere, tous ces envieux de fa beauté, qui ofoient l'affieger jufques fur fon trône ; il fe montre à nous plus pompeux & plus lumineux que jamais, & nous paroît avoir trouvé dans cette petite abfence un furcroît d'éclat & de beauté.

Plus de douze fiecles écoulez, avant que *la Langue* ait pû obtenir cette perfection, où nous la voyons aujourd'hui, eft une marque bien évidente de fon excellence & de fa dignité : car plus une chofe eft precieufe, plus il lui faut de tems pour arriver à fa perfection. L'or le plus parfait des metaux, n'eft engendré dans le fein de la terre, & n'y eft fi richement paré, qu'aprés un écoulement de plusieurs siécles : les perles, ces precieuses larmes de la Nature, ne coulent de ses yeux que par des filets imperceptibles, elles n'en tombent que goutes à goutes, & cette sage ouvriere met bien du temps à les épaissir, à les polir, & à leur donner cette vive blancheur, qui charme & enchante nos yeux : les diamans & les pierres precieuses pour acquerir leur solidité, leur clarté & toutes les couleurs dont elles sont si bien variées, & si bien mélangées, semblent fatiguer par leurs longueurs & tous leurs temporisemens, la patience de cette mere commune, & épuiser son industrie : l'art qui est le singe de la Nature, & dont la perfection consiste à la bien imiter, ne produit pas ses Chefs-d'œuvre dans un moment, il lui faut bien du temps pour les polir & leur donner ses agreémens, & presque toûjours la derniere main qu'il y employe, s'y use, à force de rafiner, & n'est plus propre à en faire d'autres.

Or les *Langues* qui sont les Ouvrages & de l'Art & de la Nature, se perfectionnent par les mêmes voyes & de la même maniere : pour être nobles, riches & polies, il leur faut bien du tems, bien des soins, & une application d'esprit infatigable, encore toutes sortes de soins, n'y sont-ils pas propres, & toute application n'y est-elle pas indifferemment bonne ? il n'y a que celle de ces hommes que la Nature a honoré de ses plus riches presens, & que l'Art a orné de ses graces & de ses agrémens : il n'y a que les soins de ces génies heureux, de ces esprits superieurs, qui font les Chefs d'œuvre les plus achevez de la Nature & de l'Art, qui puissent bien cultiver les *Langues* & les rendre assez parfaites, pour être elles-mêmes d'autres Chefs-d'œuvres : car un effet parfait suppose une cause parfaite : le cœur parle de plenitude, ses conceptions se connoissent par le moyen de la Langue, c'est elle qui les produit & qui les manifeste, ce font les paroles qui nous rendent senfibles toutes les richeffes de l'efprit : or un cœur fterile en beaux fentimens, & qui ne peut produire que des conceptions baffes, n'eft pas capable d'enrichir une Langue ; un efprit pefant ou leger, qui ne penfe jamais, ou penfe toûjours mal, ne peut embellir une Langue, il faut de la fecondité & du goût, de l'élevation & du bon fens, beaucoup de brillant & de politeffe, avec une grande jufteffe d'efprit : l'union de la Nature & de l'Art, y eft neceffaire, il faut qu'ils agiffent de concert, & qu'ils cooperent unanimement à la perfection des *Langues*.

Il ne faut donc pas s'éton-

ner que nôtre Langue ait été si long-tems à se perfectionner, elle manquoit d'ouvriers pour faire ses ouvrages ; je me trompe, il y a eu des tems, où elle en a eu beaucoup ; mais dans ce grand nombre, il ne s'en trouvoit pas un capable d'y réüssir; c'est ce qui fait qu'ils y ont travaillé toûjours inutilement ; ils n'avoient pas les mains assez delicates pour les bien manier, *ils manquoient d'adresse*, au lieu de retrancher l'inutile & le superflu, ils ôtoient le necessaire, quelquefois même le meilleur, ils faisoient comme ces Jardiniers ignorans, qui se servent de la serpe, où il ne faut qu'un coûteau, & qui d'un même coup abbatent les
brins

brins à fruit, avec les branches inutiles : *Ils n'avoient pas de difcernement* : au lieu d'une ftatuë d'une jufte grandeur, ils faifoient un Coloffe ou un Pygmée, *ils manquoient de goût*; c'eft à dire, que tous ces Sçavans & tous ces Hommes de Lettres, au lieu d'adoucir la Langue & de lui ôter cette rudeffe, qu'elle avoit contractée avec les *premiers Francs* & les Nations groffieres du Nord, ils augmentoient fes ronces, & multiplioient fes épines; on ne la pouvoit prononcer fans faire des grimaces & des contorfions, tant la douleur qu'elle faifoit étoit grande; au lieu de la decraffer de la pouffiere Gothique, qui s'étoit fortement attachée à ses habits, au lieu de les secoüer & de les bien nettoyer avec la vergette, ils y mettoient simplement de l'eau, qui ne faisoit que des taches, & bien souvent de la boüe.

La perfection de cette Langue, étoit reservée au Regne de *Louis-le Grand*; il étoit bien juste qu'elle se ressentît du bonheur de la Nation qui la parle, & que sous ce Prince merveilleux, elle trouvât, comme elle, tout ce qui lui manquoit, pour être de toutes les Langues la plus polie & la plus noble.

Cette conformité, & tous les justes rapports qui se trouvent toûjours entre les progrez des *Langues & des Mo-*

narchies, est assurement un de ces ordres secrets de la Nature, que l'on ne connoît que par l'harmonie & la convenance de ses effets ; cette sage Gouvernante observe une belle œconomie dans ses productions, & ne manque jamais, dans la distribution des siécles, de faire paroître les grandes choses avec les grandes, les mediocres avec les mediocres, & les petites avec les petites ; rien n'est confus, rien n'est broüillé, tout est sagement ordonné, l'ordre regne dans ses revolutions, c'est pourquoi les Philosophes la reconnoissent invariable dans ses variations, constante dans ses vicissitudes & immuable dans ses mouvemens, lors qu'elle donne aux Nations des Heros, elle fait naître à même-tems des Hommes capables de reciter leurs actions, & d'éternifer leur gloire: on diroit que par tous les foins qu'elle prend de fes productions les plus achevées, elle prétend en tirer une efpece de tribut, en donnant les moyens de les faire reconnoître auffi parfaites qu'elles le font. Le Grand Achilles eut Homere, qui étoit auffi fuperieur à tous les Poëtes de la Grece, que ce Heros furpaffoit en courage & en valeur, tous les Capitaines de fon tems.

Alexandre trouva un pinceau, dont les traits n'étoient pas moins hardis que fon courage & fes actions furent décrites par des plumes auſſi diſtinguées par l'éloquence, que les faits de ce grand Roi le ſont par l'heroïſme & l'extrême valeur: *Auguſte* eut Horace & Virgile, qui étoient auſſi celebres & auſſi remarquables par le génie, la politeſſe & la belle Litterature, que ce Prince étoit élevé au-deſſus des autres Hommes par ſes belles qualitez & la majeſté de l'Empire. *Jules Ceſar* eut le génie de Rome, qui recita dans le Senat ſes Conquêtes, ſes Triomphes, & qui écrivit en lettres d'or les celeſtes effets de ſa douceur & de ſa clemence, & qui marqua en caracteres de diamans; cette ſignalée victoire que ce Heros remporta ſur lui même, lors qu'il pardonna à ses ennemis, & les rétablit dans leurs Charges & dans leurs dignitez : & parce que ce Conquerant fut toûjours liberal & bienfaisant, on a eu soin de tems en tems de renouveller sa memoire Lucain a chanté ses exploits & a fait son portrait, les traits en sont hardis, mais ils sont mal conduits, ils sont outrez, & les couleurs toutes vives qu'elles sont, font une mauvaise harmonie, parce qu'elles sont mal mêlées : Nôtre Lucain François, a ranimé les cendres de ce Grand Romain, & l'a fait parler le langage d'une Nation, dont il a tant de fois admiré le courage, & dont il s'est servi pour faire la conquête du Monde.

Mais *Louis le Grand*, plus heureux que tous ces Princes, trouve dans l'*Academie Françoise* l'union de tous les avantages, qu'ils n'ont eu que separément; il y trouve des Orateurs auſſi feconds, auſſi élevez que Cicéron ; il y trouve des Poëtes auſſi ingenieux, auſſi fleuris qu'Horace, auſſi juſtes, & auſſi harmonieux que Virgile, auſſi profonds & auſſi ſublimes qu'Homere : il y trouve des Peintres, qui ne le cedent point à Apelles, & des Hiſtoriens, qui ne ſont pas inferieurs, aux plus celebres Ecrivains de l'Antiquité.

Mais que le retour en eſt beau ! *ce Grand Roi*, dont la reconnoiſſance égale la grandeur du courage, a bien voulu s'associer cet illustre Corps, il n'a pas dédaigné de joindre à tous ses titres glorieux, *celui de Protecteur de l'Academie Françoise*; & par là ce grand Prince a bien fait connoître qu'il ne sçait pas seulement acquerir de la gloire, mais qu'il connoît parfaitement les moyens de se la conserver, en y interessant d'une maniere tres-particuliere, ceux qui doivent en être les depositaires, & qui même ont le secret de la multiplier.

En effet, si ce Heros moissonne des lauriers, l'Academie les ramasse & en fait des couronnes qu'elle met sur son auguste Tête: si victorieux de ses Ennemis, il revient chargé de leurs dépoüilles, elle en fait des trophées, & les grave en caracteres ineffaçables: s'il prend des Villes, s'il conquête des Provinces, & soumet à ses loix des Nations, elle polit leur langage, elle embellit leurs mœurs, elle en fait de *bons François*, & sur tout, elle a grand soin de leur donner le portrait, de leur pacifique Vainqueur : & comme ce precieux portrait est fait d'aprés Nature, & qu'il represente naïvement ce Heros, tous ces Peuples en le voyant, disent de luy ce que les Nations étrangeres disoient de Salomon, la premiere fois qu'elles le voyoient ; *c'est lui, disoient-elles, n'en doutons point, il n'y a que Salomon qui*

*Puiſſe avoir un air ſi grand & ſi celeſte*, il n'y a que lui seul au monde dont la majeſté ſoit ſi vive & ſi douce : Oüi, tous ces nouveaux François, en voyant ce Portrait, diſent qu'il faut neceſſairement qu'il ſoit de *Louis le Grand*, puiſque toutes les beautez qu'il repreſente, ne peuvent convenir qu'à lui ſeul : c'eſt ainſi que la verité, mais la verité polie & éloquente, confirme la Renommée, & que pendant que l'*Auguſte Protecteur de l'Academie Françoiſe*, ſe fait craindre, & admirer des Nations, par ſon courage & ſa valeur, par ſa prudence & ſa ſageſſe, & par une ſuite continuelle de proſperitez & de bonheur, *cet illuſtre Corps* le fait aimer de tout le monde, en expofant à fes yeux les heroïques vertus, & les qualitez immortelles de *ce Grand Roy*.

La *Langue Latine*, toute noble & toute polie qu'elle eft, n'a pas eu fous le Romain les avantages qu'à la nôtre : il eft vrai qu'elle avoit plus d'étenduë, mais elle étoit moins cultivée, elle fe trouvoit chez plus de Nations, mais le nombre des Perfonnes qui la parloient, étoit beaucoup plus petit : car le *François* eft aujourd'hui dans la bouche de toutes les Nations: les plus belles Cours de l'Europe le parlent communement, & s'en fervent toûjours, quand elles veulent s'expliquer plus poliment &

plus noblement qu'à l'ordinaire; les Etrangers viennent chez nous en foule pour l'apprendre, & quelques diftinguez, que puiffent être quelques-uns d'entr'eux, par mille belles connoiffances, ils ne croyent pas qu'ils puiffent parler élegamment, ni écrire avec affez de politeffe, s'ils ne fçavent nôtre langage.

Cependant le Latin a des beautez raviffantes, & je ne craindrai point de dire, qu'il excelle autant fur les autres Langues, que le Romain étoit plus parfait que les autres Nations du monde, On eftimoit par tout cette Langue, on l'aimoit même, mais la haine qu'on avoit pour le Romain, faifoit qu'on ne la parloit pas;

*de la Langue Françoise.* 157
car parler la Langue d'un Prince, c'est en quelque manière le reconnoître pour Souverain ; c'est se soûmettre volontairement à ses Loix, & augmenter le nombre de ses Sujets. Or le joug du Romain étoit odieux aux Nations, son orgüeil & sa fierté, faisoient tort à sa Langue.

On peut dire que cette *Langue Latine*, étoit par rapport au Romain, comme ces fieres maîtresses qui ont beaucoup de beauté, & même du merite ; on les aime infiniment, mais elles sont hautaines, imperieuses, on est comme captif, & toûjours gêné avec elles ; on se lasse enfin de cette contrainte, & quelques belles qu'elles soient, quelque attache qu'on ait pour elles ; on renonce, pourtant, quoi qu'à regret, à tous leurs charmes, parce qu'on ne peut se resoudre à leur sacrifier toutes les douceurs de la liberté.

La *Langue Françoise* ne gêne, ni ne contraint personne, ses graces & ses beautez, sont les moyens dont elle se sert pour étendre les limites de son Empire ; la politesse de son Langage, ses mots propres & énergiques, toûjours bien arrangez, & toûjours mis aux lieux où ils doivent être naturellement ; ses expressions aisées, toûjours douces, & toûjours nobles, sont les charmes qui lui enlevent les cœurs de tant de Nations differentes : cette pureté de discours qui lui est si naturelle, cette pudeur & cette bienseance qu'elle inspire à ceux qui la sçavent bien parler, sont les appas qui font soupirer tant de personnes, & qui les engagent à la cultiver avec tant de soin, & à prendre toute la peine que merite l'acquisition d'un bien si utile & si precieux.

Telle est la conduite de la *Langue Françoise*, tel est son génie, telle est sa nature, mais aussi quelle est sa gloire ? Elle regne jusques sur les Ennemis mêmes de sa Nation, elle orne les Arts, & 'embellit les Sciences, elle concilie des graces & des agreémens aux autres Langues & à celles-là mêmes, dont elle tire son origine; car on remarque que les Etrangers qui sçavent *le François*, ont bien plus de grace & de liberté dans leur langage. L'*Italien* n'a plus cette douceur affectée, qui énerve le discours, ni ces prononciations soûpirantes, qui n'ont rien de noble ni de naturel : L'*Allemand* ne raille plus, sa voix ne gronde plus, ni n'enfle plus si fort sa gorge, il ne fait plus de grimaces, ses paroles sont plus douces, elles coulent uniment sans interruption ; & si j'ose dire, sans repercussion: il parle plus aisement, plus naturellement: L'*Anglois* ne siffle plus, il ne parle plus du bout des levres, il ouvre la bouche autant qu'il est necessaire pour bien prononcer les mots, & articuler le discours : L'*Espagnol* n'a plus cette hauteur de voix, ni ces articulations outrées, il ne declame plus ; mais il parle modestement avec bien-seance, & s'explique naturellement : On pourroit faire ici un plus long détail, mais ce que j'ai dit, suffit pour faire connoître que les Nations qui sçavent le François, corrigent leur langage, & parlent plus nettement.

*F I N.*

※※※※※※※※※※※※※※※※※※※※※

## PRIVILEGE DU ROY.

LOUIS par la Grace de Dieu, Roi de France & de Navarre : A nos amez & feaux Conseillers les Gens tenant nos Cours de Parlement, Maistres des Requêtes ordinaires de nôtre Hôtel, Grand Conseil, Baillifs, Senêchaux, Prevôts, leurs Lieutenans, & à tous autres nos Justiciers & Officiers qu'il appartiendra : SALUT. T. A. D. L. C. S. D. R. nous a fait exposer qu'il a composé un Livre intitulé, *Le Sort de la Langue Françoise*, dont il souhaitteroit faire part au Public, si Nous voulions bien en permettre l'impreſſion, & lui accorder à cet effet nos Lettres ſur ce neceſſaires. A CES CAUSES, deſirant favorablement traiter l'Expoſant ; Nous lui avons permis & accordé, permettons & accordons par ces Preſentes de faire imprimer, vendre & debiter dans tous les lieux de nôtre Royaume, par tel Imprimeur ou Libraire qu'il voudra y choiſir, ledit Livre intitulé *Le Sort de la Langue Françoiſe*, de telle marge & caractere, & autant de fois que bon lui ſemblera, l'eſpace de quatre années conſecutives, à compter du jour & datte des Preſentes, pendant lequel tems, Nous faiſons tres-expreſſes deffenſes à tous Im-

O ij

primeurs, Libraires & autres, d'imprimer, faire imprimer, vendre & diſtribuer ledit Livre, ſous pretexte d'augmentation, correction, changement de titre, fauſſes marques ou autrement de quelque maniere que ce ſoit, ni même d'en faire des Extraits ou Abregez, & à tous Marchands & autres d'en apporter, ni diſtribuer en ce Royaume d'autres Impreſſions que de celles qui auront été faites du conſentement de l'Expoſant, à peine de quinze cens livres d'amende, payable par chacun des Contrevenans, & applicable un tiers à Nous, un tiers à l'Hôpital General de nôtre bonne Ville de Paris, & l'autre tiers à l'Exposant, ou à ceux qui auront droit de lui, de confiscation des Exemplaires contrefaits, & de tous dépens, dommages & interêts; à condition qu'il sera mis deux Exemplaires dudit Livre dans nôtre Bibliotheque publique, un en celle du Cabinet de nos Livres, dans nôtre Château du Louvre, & un dans la Biblioteque de nôtre tres cher & feal le Sieur Phelypeaux, Comte de Pontchartrain, Chevalier, Chancelier & Garde des Sceaux de France, avant que de l'exposer en vente; à la charge aussi que l'Impression sera belle, sur de beau & bon papier, & faite dans le Royaume, & non ailleurs, suivant qu'il est porté par les

Reglemens faits pour la Librairie & Imprimerie és années mil six cens dix-huit & mil six cens quatre-vingt six, regiſtrez en nôtre Cour de Parlement, à peine de nullité des Preſentes, leſquelles ſeront regiſtrées dans le Regiſtre de la Communauté des Imprimeurs & Libraires de nôtre Ville de Paris : SI VOUS MANDONS & enjoignons que du contenu en icelles, vous faſſiez joüir pleinement & paiſiblement le Sieur Expoſant ou ceux qui auront droit de lui, ſans ſouffrir qu'il leur ſoit fait aucun empêchement : Voulons auſſi qu'en mettant au commencement ou à la fin dudit Livre, une copie des

Préſentes, & non l'Extrait d'icelles, elles ſoient ténuës pour bien & deuëment ſigni-fiées, & que foi y ſoit ajoûtée & aux copies collationnées par l'un de nos amez & feaux Conſeillers & Secretaires, comme à l'Original : Commandons au premier Huiſſier ou Sergent ſur ce requis, de faire pour l'execution d'icelles, tous Exploits, Saiſies & Actes neceſſaires, ſans demander autre Permiſſion, nonobſtant toutes oppoſitions, clameur de Haro, Chartre Normande, & Lettres à ce contraires : CAR tel eſt nôtre plaiſir. DONNE' à Verſailles le vingt-ſeptiéme jour de Decembre, l'an de grace mil ſept cens deux : Et de nôtre

Regne le soixantiéme, Par le Roi en son Conseil, LE PETIT.

*Regiſtré ſur le Livre de la Communauté des Imprimeurs & Libraires de Paris. Signé P.* TRABOUILLET.

Achevé d'imprimer pour la premiere fois le premier Mars 1703.

*Les Exemplaires ont été fournis.*

De l'Imprimerie de D. JOLLET, ſur le Pont S Michel.

www.ingramcontent.com/pod-product-compliance
Lightning Source LLC
Chambersburg PA
CBHW060127170426
43198CB00010B/1066